U0504078

本书获河南省社会科学院
哲学社会科学创新工程试点经费资助

中原学术文库·青年丛书

我国 G2C 电子化政府
评估模式之建构与验证

THE CONSTRUCTION AND VALIDATION OF G2C E-GOVERNMENT
EVALUATION MODEL IN CHINA

程　方／著

社会科学文献出版社
SOCIAL SCIENCES ACADEMIC PRESS (CHINA)

目　录

导　论

一　研究背景

（一）电子化政务 G2C 的背景

新时期，为了提高行政办事效率，电子政务（Electronic Government）被大规模推行，这是一种基于互联网而产生的新型政府管理模式，对政府上下级及政府与民众沟通有着重要的促进作用，是新时期构建无缝隙政府的理想手段（高瞻，2002；魏宗雷，2002；赵岚，2015）。电子政务自诞生以来，就被各国纷纷引入，现如今绝大多数国家已应用了电子政务管理模式，极大地提高了行政办事效率，这种新型的政府服务途径为人们带来了很大的便利。欧盟（EC）、经合组织（OECD）等纷纷表示，推行电子政务有利于各国政务管理效率和服务质量的提高，这不仅是政府信息化深层应用的一个重要表现，也是政府信息化核心内容的重要组成。1999 年，我国迎来了互联网发展的一个重要时刻——政府上网工程正式启动。自此以后，互联网在我国得到了迅速发展，基于此而产生的电子政务的应用也是由局部地区向全国扩展，各级政府对 G2C（Government to Citizen）电子政务的重视程度不断加强，并对其功能进行了深度探索和优化，现如今电子政务已经成为民众了解政府决策和参与政府活动的重要窗口（蔡晶波，2013；覃冠华，2014）。基于这些原因，各国政府不断提高对电子政务应用的重视程度，将建设功能强大而完善的电子政务视为政府需长期坚持的目标，哪怕付出一定的财力、物力等，也要将此事推行到底。电子政务建设和推行的初衷是为社会大众提供更佳的行政服务，也满足民众物质文化需求的最基本保障（尹怀琼，2011；赵岚，2015）。

1990 年代以来，信息与通信科技的兴起打破了传统国与国之间、城市与城市之间、政府与人民之间的隔阂，电子化政府更是政府改革措施中实现"企业型精神"的关键策略之一（杨国栋，2007）。随着政府治理模式不断调整与创新，各类信息与通信科技（Information and Communication Technologies，ICTs）也快速发展（杨虹，2012；张晶晶，2004）。为更即时把握时代脉动与了解民众需求，各国政府无不大力推动电子化政府建设，希望建构高效能的网络化政府，为民众提供更快速、更高质量的服务。电子化政府将从原本单向传送逐渐转变为双向沟通的服务机制，并通过信息科技实践民主理念，而其服务范围则包含政府对政府（G2G）、政府对企业（G2B）、政府对民众（G2C）与政府对员工（G2E）。总之，信息通信科技进入公共部门运作过程后，产生了更多的影响公共服务发展的途径（雷茜，2012）。

1997 年，中国互联网络信息中心（CNNIC）受政府指示，开始对互联网及相关领域展开深入调查，迄今已发布的全国性互联网调查报告有 36 种之多。现如今，互联网已进入千家万户，真正融入国民日常生活，在我国的经济、政治、军事等领域更发挥着不可忽视的重要作用（李天龙，2013；中国互联网络信息中心，2013）。截至 2015 年 6 月底，我国的网民数量再创新高，总网民数约为 6.68 亿人，较 2015 年初增长了约 1894 万人。简而言之，我国近一半国民（48.8%）已融入了互联网生活。据 CNNIC 发布的公告，近些年我国各级政府不断加大电子政务建设的投资力度，表明各级政府对电子政务发展的重视程度。

我国针对电子政务建设的力度不断加大，现如今电子政务发展所需的基础设施基本建设完毕，逐渐将建设重心向其应用及服务方面转移。政府在建设门户网站时，重点围绕便民信息服务、行政服务以及更好地促进政民互动来展开（田海玲，2008；汪玉凯，2007）。将来会有更多具有创意的电子政务服务系统诞生。门户网站是电子政务推行的核心载体，也是对接社会民众的良好平台（王晓瑞，2011）。好的门户网站有助于政府更好地回应民众要求，可以让民众感受到政府服务人民的决心，也是行政服务高效推行的最佳媒介。因此建设完善的政务门户网站关系电子政务的顺利推行，而对门户网站的研究也具有很大的意义。尽管我国各级政府基本建立了自己的门户网站，其中也有便民服务功能，但是网站浏览量较少，使用率更是低下，究其原因，主要是现在的门户网站，无论是功能还是内容都尚未成熟，在很多地方还存在数字鸿沟等制约性问题，导致政府门户网站华而不实，缺乏实用性。考虑到 G2C 是政府门户网站的主要部分，所以笔者对政府门户网站 G2C 部分进行了研究。我国 G2C 电子政务经过多年的建设，现已取得很多可喜成果。从规模上来看，已经实现了从以往的单机服务模式向联网服务模式的全部过渡，各级政府也都建立了电子政务系统。现如今我国大多数地区实现了三级（市－区－乡镇、小区）网络电子政务体系，虽然各级平台服务内容不同，但是整体上下衔接完整；数据中心不断建成，主要包括政务内网和外网两大部分。除此之外，还建成了三大体系和四大应用平台（胡冲、贺梦肖、何帆，2015；赵强社，2012）。我国电子政务还在其他方面取得建设成就，如在中央层级，国务院各部门皆建立了专属门户网站，至 2015 年已经实现全部覆盖；在省级部门方面，也实现了门户网站全覆盖；各地级政府也积极参与到门户网站建设中来，333 个地级政府中有300 多个已经完成了门户网站建设，覆盖率达到了 95% 左右，没有覆盖的主要是中西部一些偏远贫困县。2015 年 6 月底的统计数据显示，其中"gov. cn"为后缀的域名占总量的 0.5% 左右（见图 1），与 2014 年 6 月底相比，政府门户网站数量增长了 0.3%。但有很多政府门户网站由于各种原因被关停或整改，关停数量为 16049 个，整改数量 1592 个。另外，正常使用的政府门户网站总数有 66453 个，除了国务院各部门及直属机构所拥有的2295 个网站外，其余的皆为地方政府门户网站，总数量为 64158 个（IUD领导决策数据分析中心，2016；张少彤、张楠、汪敏、王友奎，2016）有关机构曾经做过抽查，发现我国政府门户网站有一些是不合格的，这些不合格的政府门户网站占总量的 9.2%，总合格率为 90.8%。其中，省部级政府门户网站全部合格，市、县级政府门户网站合格率在 95% 以上，其他政府门户网站合格率保持在 80% 左右。从地域分布来看，北京、上海、浙江等地状况最佳，合格率在 95% 之上①。

---

① 中国互联网络信息中心：第 37 次《中国互联网络发展状况统计报告》，http://cnnic. cn/gy-wm/xwzx/rdxw/2015/201601/t20160122_53283/htm，最后访问日期：2016 年 1 月 24 日。

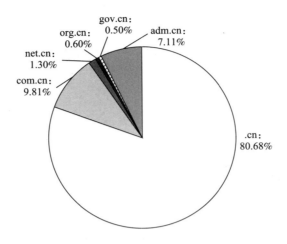

图 1　2015 年各类域名门户网站数量

资料来源：中国互联网络信息中心。

我国有明确的法律规定，除了一些对国家安全和稳定不利的信息外，各级政府要积极主动地将政府信息内容及时披露，这也是近年来我国政府门户网站建设获得巨大成就的重要原因之一。在政府业务方面，其应用系统框架大体建设完成，一些细节方面还需要优化和完善，"金字工程"现基本建成，这也标志着电子政务基础性工作取得了阶段性成功：各政府部门间的联动机制进一步增强，资源、业务等得到了深入整合，海关、公安等跨部门信息整合平台已经建立完毕，财税部门、银行等基于互联网也取得了良好合作[①]。这也意味着我国的电子政务建设已经完成了初始阶段任务，正向整合阶段迈进。整合阶段由三大模块组成：其一，行业垂直系统的整合；其二，地方政府的横向整合；其三，垂直系统与属地部门系统的整合。通过有效的整合，部门之间的合作可以实现无缝对接，有利于提高行政办事效率（蔡立辉，2008；李文贞，2012）。

电子政务的应用，改变了以往的公共服务模式，主要体现在三个方面：一是以核心业务流信息化为主线创新公共服务。我国政府在公共服务方面不断加大创新力度，其中有很多是以政府的主要业务为主线的，"金字工

[①]　中华人民共和国国家信息中心：《中国政府网站发展数据报告（2013）》，http://www.sic.gov.cn/News/250/2282.htm，最后访问日期：2015 年 12 月 5 日。

程”就是其中之一。"金字工程"不是一项单一工程，而是很多工程系列的集合，囊括了"金税工程"、"金盾工程"及"金关工程"等。金税工程，顾名思义，就是与税收有关，其中涉及最多的就是增值税的交叉稽核。金盾工程，主要涉及的是公安部的一些基础业务，如户籍管理、公共安全管理等。金关工程，主要围绕海关报关问题，众所周知，海关报关涉及众多审批手续，通过金关工程，尽可能地优化服务程序，在保持监督质量不下降的情况下，提高通关效率（闫芳，2013；杨云飞，2013）。二是以政府门户网站建设为主线创新公共服务。各级政府都着力建设高效完善的电子政务系统，而且大多先从门户网站入手，因此门户网站不仅是政府信息内容的核心展示平台，体现地方政府的形象和服务宗旨，也是与民众沟通的良好平台。三是政府门户网站加核心业务创新公共服务。如上文所述，政府门户网站可为政民沟通带来方便，公众也可以在政府门户网站申请行政服务，办理行政事务，这有利于缩短办理时间，为政民双方带来极大便利。目前我国有很多经典的政府门户网站，为民众提供全方位的服务，如"首都之窗""中国上海"等，通过这些政府门户网站当地政府可以"倾听"公众的诉求，了解社情民意，为政府决策提供参考。以商务部电子政务系统为例，其公众留言总数多达 5 万条，但是行政人员仍旧做到了件件回复，体现出了其以民为本的服务宗旨（王晓瑞，2011）。

就目前而言，我国各级政府在电子政务方面已取得规模化成果，大多建立了专属门户网站，然而这些门户网站水平不一、质量参差不齐，彼此之间的差距较大，很多政府门户网站只是单方向信息传输，即以政府信息发布为主，而且这些信息还呈现不全面、更新无规律的特征，有的网站甚至长达半年不更新信息，尽管这些网站设置有双向通道，但仅是流于形式，当地政府对公众的要求不够重视，对公众留言也是象征性地回复一部分。根据权威机构的统计资料，办事服务、政民互动、信息公开是公众对政府门户网站最为关注的三个栏目，就浏览次数来看，公众对这三大栏目的关注度依次为 17.11%、7.46%、4.34%，这三个栏目也体现出了电子政务建设的重心所在。近些年我国经济始终保持高速增长，国民的生活质量也日益提高，伴随而来的是人们对政府服务质量的要求也在不断提高，但是现有的电子政务发展水平较低，服务质量参差不齐，难以适应公众日益增长的需求。在 2015 年的联合国报告中，我国在电子政务服务方面处于中等水平，在 193 个成员国中，列第 78 名，同比下降了 6 个名次。由此也可以看出，能否提供良好的电子政务服务关系着公众是否会使用它。

若是根据用户来划分，电子政务具有 4 类应用模式：行政机关—行政机关（Government to Government，G2G），政府—公务员（Government to Employee，G2E），政府—企事业单位（Government to Business，G2B），政府—公众（Government to Citizen，G2C）。由现代管理学知识可知，所有的组织只有基于客户才能存在，在 G2C 模式下，"客户"指的就是公众，只有将公众作为客户主体，G2C 电子政务才有存在的必要。而且，在四类客户主体（行政机关、公务员、企事业单位及公众）中，公众队伍最为庞大，而且其需求也最为复杂（唐协平，2007；谢雪玲，2013）。

在所有政府部门中，人力资源和社会保障部门的工作是围绕公民的生活、工作而开展的，其服务范围涵盖了公民的生命全过程，如生老病死、公民的就业、保险等，可以说所有公民与这两个部门有着"不解之缘"（王晓瑞，2011）。为了进一步提高这两个部门的行政效率和服务质量，国家将这两个部门合而为一，也就是现如今的人力资源和社会保障部，其门户网站有着很大的独特性，这种独特性主要体现在以下几方面：一是信息量极大。因为该部门的业务都是涉及公民最基础需求，所以内容细而杂，因此其发布的信息量极为庞大。二是承担社会公益及扶贫任务。我国的弱势群体庞大，如农民工群体以及大学生群体等，但是针对这些群体的政务专栏很少，各级政府的大部分门户网站没有设置专栏为其提供专属服务。因此，人力资源和社会保障部还应在门户网站建设时考虑更多的细节因素，做出科学的规划。三是缺乏完善的在线服务。有关机构曾对成都市人力资源和社会保障局做过专访，访查结果显示，业务办理人数多，等待时间较长，而且这些人所办理的行政事务大多没有设置网络办理渠道（金雪妹、王铭，2006）。由此也可以看出，各级政府应当加快门户网站的建设速度，完善服务内容，唯有如此，才能真正有效地提高行政办事效率，快速回应民众要求。四是数据库涵盖面广，安全等级要求高。人力资源和社会保障部（以下简称"人社部"）不仅要管理人们的就业、考试，还要处理医保等信息，其数据库涉及项目极多，信息量极其庞大，而且这些信息关乎公众的切身利益，因此，对其数据库安全等级要求较高，稍有疏忽后果会十分严重（王连伟，2015）。

　　另外，人社部门户网站曾经多次受到黑客攻击，这些黑客攻击的目的是修改数据库中的数据（比如，考试成绩），使不法分子非法取得某些行业的执业资格，还有一些是为了买卖文凭。由此可以看出，门户网站建设滞后容易产生诸多问题，这也是我国政府门户网站的共有问题（王婷、蒋婉洁、胡广伟、顾日红，2010）。人社部服务内容的独特性决定了其数据库安全的重要性，所以要对其网站建设提高安全标准，这对其提高服务水平有着极其重要的意义（王晓瑞，2011）。

　　近年来国内各级政府提供的电子政务服务越来越多，以人力资源和社会保障局（以下简称"人社局"）来说，各省或各县市人社局网站所提供的服务项目多有不同，在网站的设计上更是五花八门。国内有关电子政府网站评鉴的研究相当稀少，基于此，本书要收集部分省市的人社局数据，做出对比，对地方政府的 G2C 网站进行分析，发现人社局网站的影响力相对较小、普及度较低，而且利用深度较浅，这些因素极大地制约着人社局 G2C 电子政务的深入推行。也正是由于这些原因，公众参与电子政务活动的热情不高，G2C 电子政务建设也只能停留在形式上。这也从侧面说明了，必须尽快增强人社局 G2C 电子政务的服务能力，唯有如此，公众才能真正地融入其中，否则公众的主体地位就无从谈起。因此首先要明确，公众是电子政务的主要参与者，他们可以将电子政务服务过程中的问题尽早回馈，使政府部门可以尽快地解决；其次，政府门户网站的建设初衷就是更好地为公众服务。电子政府服务能力是受很多因素影响的，只有将这些影响因素一一明确并加以解决，方可有效提高政府的服务能力。我国 G2C 电子政务能否顺利推行，除了先进的电子技术外，还要看各级政府是否真正将人民需求放在第一位。从本质上来说，G2C 电子政务的建立初衷就是更好地向公众提供最佳的行政服务，可以说公众才是最终目标（丁锐、胡广伟，2013；赵岚，2015）。

　　我国学者对 G2C 电子政务服务能力进行了不同层次的研究，但是更多地侧重于对服务管理方面的研究，而对于影响服务管理的因素研究较少，大多只是对单一理论进行分析，而对其整体研究不够全面，也没有实证分析做参考。本书在前人理论成果基础上，进行一定的理论延伸，并构建 G2C 电子政务服务能力影响因素模型，以此分析每个因素的具体影响作用，最后再用实证分析进行对比，对模型进行全面的验证。

（二）电子政务和电子商务的关系

伴随互联网发展而来的还有电子商务，电子商务是一种新型的市场运作模式，自诞生起就表现出强大的活力，现如今已经渗透到各领域，政府因此要确保电子商务的安全，因为它关乎社会经济的发展和稳定。除此之外，电子商务在发展的同时，也会促进电子政务的发展，前者是后者的基础，后者是前者的保障，两者之间关系是辩证统一的。电子商务若发展顺利，则可以给电子政务提供经济和技术支撑（邹婧祎，2015）。而电子政务的发展也必然推动企业间的电子商务发展，为信息化基础建设提供强大的推动力，保障电子商务安全健康地发展，可以说，电子政务对电子商务具有监督和服务作用。如果将电子政务与电子商务充分结合，发挥两者的互促作用，则可创新政府管理模式，提高政府的管理能力，为企业提供更好的服务，促进经济增长（周斌，2007）。

研究电子政务不能不提到电子商务，因为一方面电子政务是政府部门借鉴企业电子商务的成功经验而发展起来的；另一方面，公众在获得电子商务的良好体验之后，对电子政务也提出了更高的要求，迫使政府重新思考自己的服务模式。所以，电子政务是在电子商务发展浪潮中产生的，电子商务对电子政务有很大的影响。面对电子商务的发展，政府必须做出相应的、积极的反应，电子商务是电子政务的原动力之一。笔者认为两者之间有很大的联系，如网上政府采购和电子报税，在企业看来是电子商务，在政府看来则是电子政务，只是看问题的角度不同；而且，电子政务提供商的解决方案也大多脱胎于企业电子商务解决方案。虽然，电子商务和电子政务在技术层面具有相似性，但两者的本质不同。笔者根据《电子政务的原理和技术》一书中的相关提法，归纳出电子政务和电子商务的主要区别体现在以下三个方面。

一是实施主体不同。这是电子政务和电子商务的最根本区别。电子政务的实施主体是以为人民服务为宗旨的政府部门，而电子商务的实施主体是以营利为主体的经济实体。尽管两者都提倡"以客户为中心"的服务宗旨，提供优质服务，但本质上是有区别的。

二是主导思想和目标不同。电子政务的重点是利用信息技术手段实现政务的创新，实现政府职能转变，实现政府的管理机制和服务模式的优化和变革，提高政府的公众形象，构建服务型政府，最大限度地满足社会公众的需要，实现公共利益最大化的目标。电子商务的重点在于寻求信息技术与企业经营模式、盈利模式的有机结合，通过加强内部管理来降低企业运营成本，通过对外部供应链管理来改善企业的商务环境，提高企业核心竞争力，最大限度地吸引有价值的客户、提高现有客户的满意度、保持客户忠诚度，实现企业利润最大化的目标。

三是服务内容和服务对象不同。电子商务是只提供与本企业相关的产品和服务，其对象只是与本企业有关的、对产品和服务感兴趣的组织和个人，涉及领域相对狭窄。而电子政务提供的是一个区域范围内的公共产品和服务，包括政务方面的各种服务，其对象是社会中的每一个组织和成员，电子政务所涉及的领域和范围要远远大于电子商务。

总之，笔者对两者关系的理解是，最广义的电子商务可以说包括了电子政务，但电子政务的独特主体和广泛社会影响力决定了电子政务的重要地位。另外，开展电子政务离不开电子商务的支持，反过来，电子商务的发展也离不开电子政务的发展，因此电子政务与电子商务的发展是相辅相成的。

随着服务型政府改革目标的确立，互联网的广泛应用，以及电子信息产业的兴起，如今电子政务的应用已经深入民众生活，很大程度上既提高了政府的办事效率、节省行政成本也为民众带来便利。目前，我国大部分政府部门完成了电子政务配套设施建设，为电子政务应用管理打下坚实基础，稳步推动我国电子政务建设向发达国家先进城市的电子政府现代化管理发展。进入"十二五"期间，G2C电子政务发展站在了一个新的历史台阶，以加快转变经济发展方式为主线，以建设"智慧城市"为契机，以服务经济社会、服务企业公众为使命，实现科学跨越式发展。充分发挥G2C电子政务建设的政治功能、媒体功能、服务功能和平台功能。坚持以公众为中心、以需求为导向、以服务为目标，注重城区整体电子政务资源整合、应用开发、能力提升和安全保障。

鉴于电子化政务G2C对政府运作的效率与服务传递日益重要，关于政府网站功能设计与实际运作的研究又相对缺乏。现有的电子化政务的制度设计，无助于民众了解电子化政府的信息透明度，因此，本书希望通过实证研究，分析政府网站服务能否让民众与政府更有效地互动，让政府更负责。

　　我国人力资源和社会保障部是 2008 年 3 月在原人事部与劳动和社会保障部的基础上新组建的，是按照党的十七大的要求，"加大机构整合力度，探索实行职能有机统一的大部门体制，健全部门间协调配合机制"而组织的。大部制改革的目的是通过改革减少机构重叠、职能交叉与脱节现象，提高政府的协调能力与对社会经济的宏观管理能力。人力资源和社会保障部是承担公共管理职能的部门，其主要有两个调控服务功能：一是以促进就业、维护劳动关系稳定和完善社会保障体系为核心的社会管理和公共服务职能；二是以机关事业单位公职人员管理为核心的公共人事管理职能。

　　在众多部门当中，人力资源和社会保障部是社会关注的焦点，因为这个部门与每一个公民有着紧密的联系，与公民的出生、疾病、死亡、培训、就业、保险等息息相关。目前人力资源和社会保障部的门户网站，由原来两个独立的网站整合而成，与其他部门相比有其自身的特点：一是信息量特别大，无论是人事就业还是社会保障都有大量的信息需要在网站发布，例如法律法规、政策解析等，因为工作涉及面广而且细致，所以需要一个明晰的体系来管理信息的梳理和发布。二是担负帮助弱势群体的责任，我国各个级别的人力资源和社会保障部门的网站基本上设有农民工专栏、大学生专栏，这些栏目是为特殊群体提供服务的专门通道，所以，人力资源和社会保障部承担着维护社会稳定和谐的重任，这就对网站建设和规划提出了更高的要求。三是需要更多的在线服务，在对成都市人社局各业务处室的走访调研过程中，调研者发现各业务处室所负责的项目具体、烦杂，每天来大厅办理业务的人流量很大，但是，这些事务的网上办理通道在网站却很少呈现。这就要求其网站开通更多的在线办事通道，以提高办事部门的工作效率，节省公众办理相关事务的时间、精力。四是数据库数据多，对其安全性能要求高，人社部门的数据库包括社会保险、就业、医疗保险、人事信息、培训、考试等数据，而且信息十分重要，如果数据库信息受到破坏将对公众的利益造成严重的侵害，也关系公众对人社部门信任的问题。在调研中，笔者了解到人社部曾出现过被黑客侵入数据库的情况，黑客利用海外的服务站，伪造考试资格查询的数据库进行文凭买卖，使很多人上当受骗。长时间以来，无论在基础设施还是管理模式方面都存在较大的问题，网站的功能基本没有发挥出来，这些问题对我国其他政府部门的门户网站来说，很多都是共有的问题。所以说人社部门的数据库安全直接关系公民、企业的利益，这就对其建设水平提出了更高的要求。

总而言之，人社部门网站是人力资源和社会保障部门展示工作动态，提供服务，与公众进行沟通的重要窗口，分析人力资源和社会保障部、局网站建设的现状，对其更好地履行职能、提高服务水平具有重要的意义。

本书通过综述国内外学者对我国地方政府网站的研究现状，了解我国政府基于门户网站与公众的沟通模式，同时对我国人力资源和社会保障部网站建设的情况进行调研，以 ZK 市人力资源和社会保障局门户网站作为研究案例，分析政府基于门户网站与公众沟通模式的问题，并提出解决对策。因为人社部门网站整合了人力资源与社会保障两个部门，并且人社局业务与各个年龄段、各个工作岗位的公众有密不可分的联系，业务较多而且具体复杂，与之前的网站公众互动程度低，没有实现在线办事和公众互动。目前人社局网站建设水平较低，政府与民众利用网站沟通仍然存在较大的障碍，所以将 ZK 市的人社局作为研究案例具有代表性，能够反映出目前我国政府门户网站的政民沟通模式存在的问题。

我国地方政府 G2C 已成为政府运作机制的重要管道与工具之一。为顺应时代潮流与环境变迁，在政府改革潮流下，效率与效能固然重要，但政府对公众负责应更为重要。当人民有渠道接收政府部门的解释、说明与报告，且政府部门也能因此被接受时，G2C 才有意义。

G2C 电子政务建设发展是现代化管理理念和信息时代技术相结合的虚拟产物，是检验国家政权管理良好运转的必然结果。但是，由于受历史和环境的局限，ZK 市电子政务 G2C 建设仍较珠三角和其他一二线城市发展缓慢，任务依然十分艰巨。由于我国幅员辽阔，地方差异明显，经济社会发展很不均衡。因此，地方政府电子政务建设也呈现"东重西轻""上重下轻"的格局，从发展阶段来看，东部沿海地区以及其他经济发达地区已经处于从信息发布到信息整理、加工、利用并实现互通互联、信息共享阶段，从中国政府层级来看，G2C 电子政务的发展基本上也是遵循从中央到地方再到基层的"上重下轻"逐级递减规律。

ZK 市人社局 G2C 电子政务的问题具体表现如下。

（1）决策的科学化、民主化程度不够。相当一部分电子政务建设项目属于"领导工程"、"形象工程"和"政绩工程"。内容和形式相对单一，缺乏功能应用以及与公民互动。

（2）某些部门网站信息条理化不够，难以迅速有效地为公众提供信息服务。

（3）电子政务系统建设处于起步阶段，绝大多数网站栏目只有一些基本的信息和新闻，处在纯粹的信息发布时段，几乎没有网上行政职能。

（4）不同网站之间的差异很大，在栏目设计、功能设计和内容建设、互通互联，以及与访问者沟通方式上差异非常大。这进一步说明缺乏统一架构指导。

（5）从能够获得的访问统计数据来看，访问量不够，影响力不大，吸引力不够，访客不多，宣传不够，效果不佳。

（6）信息资源共享机制尚未建立、开发利用水平低。由于受我国条块分割体制的影响，已建设的应用更多地只是处在传递政府信息和办公室自动化等低层次、简单应用上。部门自成体系现象严重，跨部门应用系统设计成为部门内系统，完整的电子政务体系被隔离成一个个独立的"孤岛"。大多数跨部门的重点业务系统被牵头部门设计成了部门内系统，资源共建、共享模式的共识没有达成，自建自用和自成体系的电子政务建设模式明显，一个完整的电子政务体系被人为地割裂成了一个个"孤岛"。

（7）建设和应用发展不平衡，应用系统的潜能没有得到充分发挥，公共服务效率低。

（8）法律法规和标准化工作严重滞后，安全保障能力有待进一步提高。

二 研究的目的和意义

本书的研究成果对 G2C 电子政务的发展能起到积极的作用。笔者从公众的角度出发，选择 ZK 市人力资源和社会保障局更能体现出研究意义。河南是中国人口最多的省，ZK 市又是河南省人口最多的市，而人力资源与社会保障局，又是直接面对公众的行政单位，所以最具有代表性。基于公众实际需求，明确影响 G2C 电子政务服务能力的因素，进而有效地对其进行改进及优化，制定更加符合公众需求的法律或政策，这对 G2C 电子政务的发展有着很大的促进作用（李春晓，2012）。

（一）增强公民参与电子政务的信心

本书以 ZK 市人力资源和社会保障局为例，通过对 G2C 电子政务服务能力影响因素进行研究，探寻哪些因素决定着电子政务服务能力及这些因素的具体影响程度，让人们更加客观地了解电子政务，增加参与电子政务的热情和信心。通过对政府门户网站 G2C 及人们的认可度展开深入的交叉分析，说明了 G2C 建设的必要性和紧迫性，以提高政府部门对 G2C 建设的重视程度（尹怀琼，2011）。

（二）提高我国政府 G2C 电子政务服务平台的建设水平

电子政务服务平台是政府与公众对接的重要载体，如果对影响政府服务能力的所有因素加以明确，那么政府部门可以有针对性地制定应对措施，进而加大对自身和外部建设力度，为公众提供真正需要且便利的行政服务，增强公众对政府的信心，并积极参与到政府主导的活动中来。目前 G2C 电子政务虽然浏览人数较多，但是其中大多数人仅是"旁观者"，若将他们转化为参与者，G2C 电子政务网站才可发挥其真正作用（马腾，2008；沈渭智，2009）。本书以 ZK 市人力资源和社会保障局为研究对象，对其 G2C 电子政务服务展开全面深入的探索分析，找出影响因素，明确公众最关注的服务环节，结合自身经验给出合理化建议，为有关部门后续改进提供参考（张尧，2014）。

三　研究对象

本研究的研究对象为 ZK 市人力资源和社会保障局政府网站 G2C。

四　研究创新点

本研究参考国内外网站评价的相关文献与国外 G2C 相关的文献，建构国内 G2C 网站服务质量评价的指标体系，有针对性地制定相关政策，从而提出 G2C 电子政务服务后续发展的建议。

五　研究局限性

（1）由于寻找从事电子政务 G2C 设计的专家比较困难，因此本研究就对研究电子政务 G2C 的学者，部门网站有关负责人，相关部门的官员进行访谈，并从数据库中整理一些相关数据，进行问卷设计，使用多途径问卷投放提高问卷回收率。

（2）由于在国内有关 G2C 网站服务质量评鉴的文献相当少。所以本研究就参考并修改一般网站或电子商务网站评价文献中的研究方法，利用德尔菲法对专家进行（EC 专家、政府部门、学者）访谈，摘取关键因素以建构相关指标。

（3）进行抽样调查时，由于人力与时间有限，笔者无法针对整个 ZK 市会使用互联网的公众进行全面的访谈，所以在抽样方式上以方便抽样为原则抽取样本。

（4）由于专家访谈中各类专家的访谈很难安排与约定，特别是对政府部门的专家访谈，因此在初步的接触时，有些专家对于访谈多有回避，在访谈上给予的时间大多不太充裕，则是通过电邮的方式与他们沟通，使其充分了解本学术研究的意义与目的。在预约专家时，笔者则是从相关网站上，整理出专家名单，再预约安排后续的访谈事宜。

六　研究内容和论文结构

本书基于公众视角，对 ZK 市人力资源和社会保障局 G2C 电子政务服务进行研究。根据研究结果明确了各个影响因素，然后将其拓展到我国的 G2C 电子政务整体服务框架。本书虽然由局部地区展开研究，但是研究内容大多基于共性问题展开，对我国整体 G2C 电子政务服务同样适用（张尧，2014）。目前有很多学者已经在政府电子化服务及公众满意度方面开展了不同层次的研究，但是这些研究大多是独立进行的，将二者有机结合起来进行研究的项目则是少之又少，而且研究者所构建的指标体系大多带有片面性，未能将所有因素都考虑在内，其模型科学性薄弱，且缺少实证分析（刘小燕，2005）。本研究主要是通过德尔菲法建构 G2C 电子化政府网站的评价指标，为了验证这些评价指标是否与使用者的使用认知一致，进一步以这些评价指标来评比几个市人力资源和社会保障局的 G2C 网站，并对评比最佳的网站做使用者的满意度调查，检视满意度调查的结果与通过评价指标所获得的结果之间是否有落差，以验证这些评价指标与使用者的认知是否一致。

笔者首先搜集有关数据，对 ZK 市人力资源和社会保障局 G2C 电子政务服务进行初步调查和分析，通过分析了解其应用现状及在服务能力方面的不足，根据问题逆向寻找原因，可结合相关文献采用对比分析等方法找出各个影响因素，分析每个因素对我国 G2C 电子政务服务能力的大致影响。完成上述初步分析后，建立完善的 G2C 电子政务服务能力模型，验证假设，最后得出结论。本文所开展的探究旨在解决以下几个问题。

其一，探寻影响人力资源和社会保障局 G2C 电子政务服务质量的所有因素。

其二，探讨人力资源和社会保障局 G2C 电子政务服务质量的指标建构。

其三，根据以上分析提出有关人力资源和社会保障局 G2C 电子政务发展的建议。

七　研究特点

本文在研究影响因素这块内容时，需要从政府组织内、外部等方面全面分析人力资源管理和投入协作环境因素，另外需要从公众对 G2C 电子政务的态度入手，分析影响公众信任的因素，在国家宏观政策层面，分析国家对 G2C 电子政务的支持力度，主要包括人力物力的投入以及政策方面的支持；对组织内部展开深入研究，分析其文化环境因素对 G2C 电子政务服务能力的影响，分析现有的 IT 基础设施建设和分布现状，分析其对 G2C 电子政务服务能力的影响。从组织的战略管理能力入手，将其与 G2C 电子政务服务能力结合起来，看前者对后者有着什么样的影响规律。通过上述几个主要影响因素的分析，探究制约 ZK 市人力资源和社会保障局 G2C 电子政务服务能力进一步提高的原因所在。最后再结合实际案例对模型进行对比验证，用一定的计算方法将每个影响因素的作用权重予以明确。

八　研究框架

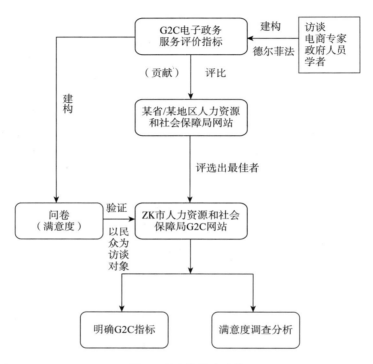

图 2　研究的技术路线

资料来源：笔者整理。

第一章　国内外 G2C 发展状况及相关理论

一　国内外电子政务的发展状况

（一）国外电子政务的发展状况

西方发达国家在电子政务建设方面已经取得了很多成熟经验，他们在电子政务建设方面存在着一定的相似性，大多围绕三个方面来展开建设：政府与民众（G2C）之间，大多从网络系统入手，以建立更加便利、快捷的在线行政服务应用为目标（孔凡华，2010）。政府与企业（G2B）之间，主要围绕电子商务环境的构建来展开，创造安全有序的经济环境，确保电子商务的健康发展（李杰，2010）。政府与政府（G2G）之间，主要围绕行政效率的提高来展开，通过对办公系统升级优化，各级政府间可以确保更好地实现信息互动，实现最佳的资源整合（李建国，2003；沈渭智，2009；吴江等，2004）。

美英等国是电子政务的先驱，在电子政务建设方面处于世界领先地位，他们的建设原则一般围绕以下几点展开：重视民众需求，根据民众需求来建设民众所需的服务型政府；在建设政府电子政务时，始终确保政府服务可接近性和易获得性；尽可能地避免数字隔离，防止排他性的出现；对信息有效性和可利用性十分注重（马腾，2008）。

《2014 年联合国电子政务调查报告》显示，韩国、美国、加拿大、英国等国对电子政务的重视程度和投入力度最大，目前已取得很多创新性成果（李杰，2010）。政府门户网站的构建是信息化进程的重要推动力之一，相关的理论研究始自 20 世纪 90 年代，现已取得了诸多实践成果。《2014 年联合国电子政务调查报告》显示，韩国对电子政务的注重程度最高，诸多创新成果助其稳居世界电子政务建设榜首；澳大利亚与新加坡后来居上，目前分别暂列世界第 2 名、第 3 名，较 2012 年提升了不少。若是基于大洲角度分析，欧洲区域的电子政务指数（EGDI）较高，位列世界榜首，如法国、荷兰等都是电子政务践行的佼佼者；以美国为代表的美洲电子政务发展水平仅次于欧洲，而且加拿大在电子政务方面也是处于世界领先地位；亚洲方面仍是以韩国为最，这与其国家政策支持有着很大关系；非洲方面整体排名靠后，其中表现较好的有突尼斯等，目前突尼斯暂列全球第 75 名，是非洲电子政务建设最好的国家（见表 1 - 1）。

表 1 - 1 世界及地区电子政务领导者

世界电子政务领导者		地区电子政务领导者	
1	韩国	非洲	突尼斯
2	澳大利亚		毛里求斯
3	新加坡	美洲	美国
4	法国		加拿大
5	荷兰	亚洲	韩国
6	日本		新加坡
7	美国	欧洲	法国
8	英国		荷兰
9	新西兰	大洋洲	澳大利亚
10	芬兰		新西兰

资料来源：《2014 年联合国电子政务调查报告发布（附排名）》。

　　我国在建设"信息高速公路"时，按照各领域的重要性和逻辑性进行了层次分级，其中位列第一的就是"电子政府"，由此可见，电子政府构建的重要性和紧迫性。我国虽然对电子政府研究起步较晚，但是多年的探索也取得了很多可喜可贺的成绩，相关的完整研究体系也已形成。现如今，国内外在电子政府理论研究领域都已取得全面性进展，研究内容囊括了电子政府的安全、数据管理、环境等方面，尤其对政府门户网站的建设进行了重点研究，政府门户网站是政府信息的主要发布媒介，是政府服务的最佳外在体现，是政民互动的良好载体。总之，政府门户网站的建设极具实践意义，要将国外政府门户网站建设的成功经验与国内的政府门户网站建设应用现状充分结合，积极探索有利于我国政府门户网站快速完善的新方法，为公众提供更佳的行政服务（顾朝林、李满春，1999；王冬瑜，2004）。

（1）韩国发展电子政务概况

2014 年，联合国发布了《2014 年联合国电子政务调查报告》，在这份报告中，电子政务建设最好的是韩国，虽然亚洲在电子政务建设方面整体处于落后地位，这与其起步较晚且经济落后有着很大关系，但是韩国却是世界第一电子政务强国，其飞跃式发展速度令世界震惊，丝毫不落后于起步较早的欧美等国。详细来看，韩国在建设电子政务时，所推行的模式为"政府主导"模式，这就意味着所有的建设环节，必须坚持中央政府的核心引导地位①。20 世纪 80 年代末，韩国互联网发展有了一定基础，开始推行信息化建设，最开始是从国防、行政、公安等五个特殊领域入手，在这五个领域中全力建设国家骨干网，以 1991 年底为节点，届时需完成在线服务目标（邵燕斐，2008）。1992 年，韩国政府正式启动以"信息化促进及 21 世纪电子韩国发展计划"为代表的第二次国家骨干网建设任务，自此以后，韩国电子政务发展进入飞速发展时期。在这次任务中，韩国将行政计算机网络化视为重点，并对其进行了优先发展和重点支持两种划分，提高了建设速度和质量（胡泽浩，2013）。1998 年，韩国前总统金大中将电子政务的重要层级再次提高，他认为韩国发展电子政务是历史的必然，是改善行政服务现状的最佳途径。因此他将电子政务纳入国家重点发展战略中，并亲自主持、督导韩国信息化建设。1999 年，韩国的"Cyber Korea 21"计划诞生，该计划的最终目的是优化现有的行政服务手段，营造良好的信息化环境，为后续信息化建设的立法工作奠定基础。此后不久，韩国便出台了《全国信息化教育计划》，此计划的目的是提高国民的信息素养，彻底解决"数字鸿沟"问题。2001 年，韩国前总统金大中在韩国发展愿景报告中，明确了建设信息社会的基础目标，另外还强调了改变以往单部门独自发展的计划，指出各部门应该积极互动、加强合作，在信息共享中做好彼此的互动沟通，将部门间具有很大相关性的业务单独划分出来，作为单一项目进行集中整合和技术攻关。这些计划虽然前景远大，但是真正执行需要耗费大量的财力、物力，并需要法律层面的强有力支持，为此韩国特别制定了很多指导性和保障性法律法规，如《公共机关信息公开法》《关于推进行政

①　《2014 年联合国电子政务调查报告》，2016。

部门信息化以实现电子政务的条例》等（蔡贤涛，2005）。为了提高公众的行政参与热情，提高政府办事效率，韩国政府于 2002 年制定了"E-KO-REA Vision 2006"计划，希望依靠信息化建设，改善现有的行政服务现状，打造良好的政治参与平台，吸引更多的韩国公众参与其中，为公众提供更加便捷的个性化行政服务。2007 年，韩国政府为了将电子政务真正覆盖全国，制定了一系列促进性政策。随着韩国民主化进程的推进，为了给韩国公众创造更佳的行政参与平台，并使其充分享受良好的政府服务，"2008~2012 电子政务计划"正式出台，其目的是对现有的电子政务系统进行全面的整合，进而为公众创造"无缝公共服务"，与此同时，此次计划还承担着将韩国行政信息进一步透明化的重任。据此可知，韩国电子政务能够取得今日的发展成果与其国家政策的大力支持和科学完善的发展规划有着密切关系。在发展生产力时，韩国政府意识到了现代信息通信技术的推动潜力，将其纳入长远的国家发展战略中，对电子政务给予了极高的重视（邓文、林良，2011）。

（2）美国电子政务发展概况

美国凭借其强大的经济基础和世界领先的科技实力将电子政务建设推向了新的高度，并逐渐成为世界各国纷纷学习效仿的典范。美国对电子政务也十分重视，先后推行了 1300 余项相关项目，以推动电子政务建设发展，目前取得了很多傲人成就（黄氏玉簪，2014）。其一，网站多。美国政府上自联邦政府下至偏远小镇，皆建立了具有独立运行功能的门户网站，只是这些网站在功能、规模方面有所差异。其二，分类细。美国电子政务系统建设很有规划性，无论是大层面上的政治、经济、军事，还是小层面上的公众求职、贷款，皆有对应的网站为不同人群提供专门的服务。只要民众有需求，尤其是与政府有直接或间接关系的，皆有专门网站为其提供全方位的服务，如信息服务等。由此可见美国的政务服务网站真的很多，而且分类很细。其三，互联网。诸多学者表示，若要发挥出互联网最大的优势，就必须从网套网、网连网方面入手。就目前而言，美国联邦政府一级在互联网应用和发展方面最为成熟，基本实现了网套网、网连网的建设目标。联邦政府一级的部门不仅要在独立网站中提供完善的行政服务，还要与下属机构进行网站互联。同样，州级网站要涵盖全州服务内容，与此同时要实现辖区内县、市级政府网络的无缝链接。作为层级最高的中央政府门户网站，联邦政府除了直接连接下属各部门（行政、立法等）网站之外，还需连接地方性网站，与此同时，可选择性地与国外政府网站进行互联①。

在此期间，美国建立起了全国性的电子福利支付系统。通过该系统，政府可将各种福利直接转给受益人，既提高了行政办事效率，也省去了中间环节，无论是从降低成本还是提升效率方面，这都是一种极大的创新。美国还设立大量的"共享信息服务站"向居民提供便捷的信息服务。建立健全执法及公共安全信息网络，确保执法环节的公正性和高效性。建成完善的公众在线纳税系统，使有关部门可以及时地处理公众纳税申请，进而快速地回应，减少了公众奔波所造成的时间浪费，有利于节省开支和效率提升（Fountain，2007）。

（3）英国电子政务发展概况

英国从 1994 年开始电子政务建设，相继出台了《政府现代化白皮书》《21 世纪政府电子服务》等指导性和保障性法律法规。英国是世界上民主程度最高的国家之一，从其电子政务所坚持的"以公众为中心"这个建设宗旨上就可以看出；英国对部门间的合作极为重视，将其视为电子政务建设成功和为公众输出更多服务的最基本保障。另外，英国政府对少数民族及残疾人等弱势群体也给予了重点关注，并在法律政策、措施方案中有所体现。英国在电子政务推行过程中，将政府行政效率提高到了新的等级，并根据公众回馈很好地弥补了现有服务方式的不足（胡杰，2013）。英国在建设电子政务时，主要围绕的原则有以下几点：一是提供选择机会。公众既可以继续使用以往的政府服务，也可以选择最新的电子政务服务。二是获取公众信任。政府要严守相关法律，确保信息收集、发布在法律许可范围内进行，同时还要对信息的准确性负责，以此获取公众的信任。三是可取得性。基于信息技术打造完善的行政服务平台，为公众提供全方位的服务，疏通服务渠道，让公众享受到政府服务的便捷性。四是提高效率。基于信息技术支持，政府可及时地获知公众需求，进而以最短的时间予以回应。五是合理化。基于资源共享和系统简化，优化政府部门与机构的关系，避免重复性工作和服务，以此节省开支。六是公开信息。将信息公开制度化，

增强政府的开放性，以此增强美国在国际中的竞争地位。七是电子安全。建立一定的安全机制，最大限度地保障电子环境的安全可靠。

（4）新加坡电子政务发展概况

新加坡虽然属于地理小国，但是在政府信息化建设方面却有着大国风范，该国属于最早确立政府信息化建设目标的国家之一，其电子政务的建设也是处于世界先进水平。Acceniure 公司曾经做过全球性电子政务调查，据其调查结果，新加坡与加拿大、美国同属电子政务"创新领先型国家"。1981 年，新加坡政府就开始致力于改革行政服务，以构建功能强大而完善的电子政府为目标，展开了长期的探索实践。新加坡对部门集成化极为重视，全力打造具有一体化功能的电子服务模式，而且成立了专门的管理委员会，负责电子政务的全面推进。1986 年，"国家仃计划"发布，该计划旨在引进世界高水平网络技术，用于行政部门的计算机化建设，希望以此改善现有的公众服务现状，为公众提供更加令其满意的便捷化、集成式服务。1992 年，新加坡再次发力互联网领域，以"IT2000 计划"为主的一系列计划相继发布，旨在将新加坡打造成全球独一无二的"智慧岛"，并逐渐向全球 IT 中心方向发展（刘建徽，2015）。1999 年，为了适应新世纪网络发展需要，新加坡政府发布了"Hifocomm21 计划"，该计划主要围绕信息和通信技术两个方面展开（张景颇，2011）。此次计划的具体要求：全力推行电子政务，将所有可以利用电子信息化技术解决的常规行政服务都纳入电子政务，利用网络渠道快速地解决公众需求，最大限度地发挥现代信息技术的优势。举例来说，公众可以凭借电话、互联网、电视等快速地享受到政府的优质服务（顾平安，2016）。

除了这些发达国家，许多发展中国家的政府也致力于电子政务的发展。例如阿拉伯联合酋长国，也制定了全面的"电子政府"建设规划，明确提出各部门需要全部引入网络办公，公众无须亲自到政府部门，在网络上就可以迅速地满足其行政办事需求。通过政府办公网络化，政府的执行效率大幅提升，节省经费开支，对于有需求的公众来说，也可以更加便捷地享受电子化行政服务，减少来回奔波浪费的时间。据该国权威机构预测，如若"电子政府"真正建成，单政府办公经费方面就可节约 10% 以上支出，这充分说明了"电子政府"计划是一件利国利民的好事（金元欢，2001）。

（二）国外研究综述

电子政务 G2C 是政府构建完善服务最佳的手段之一，通过对这个最外层平台的全力打造，可以有效提升政府的行政执行效率，增强民众对政府的信心，同时政府部门参照公众回馈的大量信息，对现有服务模式进行针对性改进，不仅有利于政府决策科学性的提高，也对于构建服务型政府有着非常重要的意义。目前世界很多国家都在全力构建 G2C 电子政务服务平台，而且也都坚持"以公众为中心"这个基本原则，以更好地服务公众为建设目标（刘光容，2004）。笔者将对国外电子政务 G2C 发展历程展开全面的梳理分析，包括其历史背景等，总结其成功经验。

（1）国外电子政务 G2C 的发展历程及特色

国外有关电子政务的研究和实践起步较早，总结其发展历程，大致可以分为四个阶段：其一，起步阶段。此阶段最大的特征就是政府借助门户网站及时发布有关信息，如政府将新的法律、新闻等第一时间呈现在门户网站上。其二，单向沟通阶段。此阶段较起步阶段有了功能上的拓展，一般政府门户网站都有专门的公众回馈信箱等，公众可以将回馈内容发入信箱，供有关行政人员查看，此外公众还可以基于网站资源进行简单的数据下载和上传。其三，双向互动阶段。此时网站的功能开始不断完善，网络办公开始推行，公众可以利用网站进行简单的事务办理，如缴税纳税等；另外，网站还担负着搜集民意的重任，以供后续决策参考。其四，政务全面整合与创新阶段。此阶段网站的功能框架基本建成，一站式服务等正式推行，提高了政府办公效率，公众在享受便捷行政服务的同时对其满意度也不断提升（王晓瑞，2011）。《政府门户网站概述》详细记载了一些发达国家在政府门户网站建设时的经历以及现在的运行现状，该书总结其建设特点：一是领导人政治意志突出，有切实可行的详细措施；二是网站建设以公众需求为主导；三是注重各级政务资源的整合，在整合中提高办事效率，完善现有功能（郭念东、夏勇、赵筱菊，2008）。

（2）电子政务服务的作用和影响因素

国外电子政务建设很早就开始启动，迄今已有二十多年发展历史，有很多突出的实践成果，在电子政务发展史上发挥着不可忽视的重要作用。现如今政府 G2C 信息化程度越来越高，系统数量也是日益增多，在此情形下，系统营运的重要性显得尤为突出。纵观全球 G2C 电子政务建设，其中成就最高的当属英国和瑞典等国家。以英国为例，英国充分发挥互联网优势，助力公众服务的转型升级，并设置有专门的独立机构，确保 G2C 电子政务建设顺利推进，将全国政务网络打造成统一、协调的服务平台。英国电子政务分类较细，推行了"政府入口"服务，只要是公众迫切需求的公共服务，一般可以在政府网站中马上得到解决，英国将各类资源全面整合，以电子政务的形式推行全方位的服务，为本国公众带来极大便利（覃冠华，2014）。除此之外，英国还建成了强大的知识管理系统，各部门可以在该系统上实现信息共享、协同工作，简化了以往政务处理中烦琐的行政流程和冗余事项，进而大幅提升行政执行效率，促进政府职能转变（才世杰，2015）。瑞典有着全球最高的信息技术普及率，其信息基础设施完善，电子政务功能强大，在 IT 领域中投入的人均财力、物力也是最多的，可以说瑞典是名副其实的互联网强国。瑞典大力推行"电子民主"概念，在网站建设时，充分地融入民主元素，将"政民互动"视为网站最核心的功能之一。与此同时，为了进一步提高行政效率和服务质量，瑞典打造了完善的在线行政监督平台（李杰，2010）。除此之外，瑞典对信息系统进行了大力改进，在营运管理和外包服务上进行了合理匹配，确保 G2C 电子政务建设高效推进（刘洪武，2010）。

国外学者针对电子政务服务展开的研究相当多，在影响分析方面，主要围绕公众、社会和政府三个层面来展开。政府机构类型不同，其可信度也具有差异，电子政务推行中，就算总体可信度有了很大改善，但是具体到每个机构其可信度可能变化较小甚至没有变化（陈纪君，2013）。有关机构曾经以 14 个国家作为研究样本展开了深入的调研，调研内容就是基于实证分析国家的网站开放性和可信度，简而言之，就是研究电子政务是不是可以促进政府向开放、可靠等方向发展。调研结果表明，电子政务是一种极佳的选择，可助力政府赢得公众参政的信心，让公众对政府的信任程度进一步提升，这点由网络投票选举就可以看出（Parent, Vandebeek and Gemino, 2004）。电子政务能够加快一个国家的民主政治发展步伐，因为它为公众提供了更好的参政平台，公民也可以享受到越来越便捷的行政服务，实现与政府的良好互动（陈纪君，2013）。电子政务能够加快政府机构的重组优化，对组织流程进行改进完善，所以说不能仅从技术变革层面来理解电子政务，而应该从组织变革方面对其科学衡量，这是一种质的改变（Indihar Stemberger and Jaklic, 2007）。

国内外学者对影响电子政务服务的因素展开了不同层次的研究。诸多研究发现，民主化水平以及电子化准备程度都对电子政务的服务水平有着一定的影响。所谓的民主化水平，主要从政治环境方面来说，涵盖了公共服务的完整性和透明度，以及当下政府的政治责任等。而电子化准备程度，主要是从互联网角度出发的，包括政府的内部网，以及社会的互联网渗透程度等，这是公共政治目标顺利完成的基本保障。电子政务服务能力是受多种因素交叉影响的，从组织层面来分析，其中影响最大的有结构、文化及信息技术等。据权威机构称，人力、文化、通信能力、制度和社会政治对电子政务服务环境的影响作用最大，是后续改进电子政务服务水平的五个主要着力点。

（3）电子政府服务管理方面

电子政府服务管理的研究受到很多学者高度重视，在这些学者看来，这有利于加快政府信息更新速度，对服务的便民性提升也有着很大帮助。只有在服务和交易方面进行大力创新，为公众提供更加完善的一站式服务，方可令所有公众深切体会到电子政务的服务理念。如果现有的服务方式难以满足特殊情况的使用需求，可考虑引入服务流管理（SFM），当然，其前提是重新设计交易方式（董新宇，2011）。基于服务路径而言，则更容易找到提升公众满意度的方法。服务安全的电子政务推行，需要有准确的数据做基础，唯有将网络或网站安全做到极致，方可令公众全身心地投入电子政务中来（Stibbe, 2005）。政府若想高效贯彻有关决策，必须让公众对其有着较高的信任度，而且要保持良好的政民互动关系，这也是政府稳定存在的必要前提，政府可以尝试引入客户关系管理理论（Customer Relationship Management, CRM），这对赢得公众信任有着重要意义。

（4）电子政务的服务传递

通过建设电子政务，政府能够创新服务的传递方式，可以更快地将有关信息予以公布，公众也能在最短时间内获取政府有关信息，并通过在线办理等方式尽快获得行政服务，这对政府来说，可以显著地节省成本开支，大幅提升行政办事效率，有关决策也能快速地予以贯彻，所以说电子政务将各种技术和应用集合在一起，是政府服务传递方式的一种极大创新（J.

A. Pardo，2005）。很多学者将网络视为电子政务服务传递的理想途径和工具，并将其与移动电话、呼叫中心等进行全面的对比（简·莱恩、赵成根，2004）。在诸多影响电子政务服务传递的因素中，作用最大的因素莫过于网络，网络以实时性、便捷性等优势担负着越来越重要的任务，未来进一步优化电子政务的服务传递方式还得更多地从网络方面入手。

（5）实证研究

国外学者对电子政务服务展开深入研究时，很多会从实证方面加以验证，所有的理论需经过实践的验证，方可有效证明理论的正确性和实用性。电子政务服务的研究，目的是改善现有的政府服务现状，具有很强的实践性，这就说明了开展实证分析极具必要性（Wimmer，2002）。

综观电子政务建设成功案例，也可以看出政府借鉴电子商务网站的经验，将电子商务网站的建设及运营经验应用在电子政务网站建设方面，坚持"以公众为中心"的服务宗旨，实行 24 小时不间断在线服务，这种一站式服务的设计可以有效解决公众的需求问题；加拿大在推行电子政务方面，充分利用信息技术优势，将政府纳入商家竞争者之列，二者同时还要保持合作关系，所有的服务围绕"以公众为中心"展开，切实提升民众的认可度（J. A. Pardo，2005；胡泽浩，2013）。根据伦敦政府门户网站详细的说明，伦敦政府将信息更新速度加快，优化办事流程，吸引更多的人参与到电子政务服务之中，现如今伦敦已经实现电子政务的全面覆盖（Indihar Stemberger and Jaklic，2007）。某些研究还详细介绍了奥地利的电子政务发展历程，并采用实证分析对奥地利的成功经验进行全面阐述，现如今奥地利在电子政务方面已经取得全方位突破，达到了欧盟的最顶尖水平。而且，通过电子政务，企业与政府的距离缩短了，二者良好的互通使奥地利经济走向了新的辉煌（Aichholzer，2005）。

（三）国内电子政务文献综述

我国电子政务研究起步晚，研究成果也不如国外丰富，整体表现单一，大多是介绍国外的成功案例及相关理论，创新性成果不多，实证分析更是少之又少。在我国，电子政务是一种新型的政府服务方式，各级政府对其给予了高度重视，将其视为促使政府职能转变、提升公众服务质量的重要途径，而且由实践结果可知，电子政务确实促进了我国政府职能的改革，发挥的作用也是越来越大（杨兵，2011；赵岚，2015）。

　　在电子政务服务的作用和影响因素研究方面。学者对政府内部业务整合展开了全面的分析探讨，研究了整合水平对电子政务服务能力的影响规律（丁锐、胡广伟，2013；覃冠华，2014）。有的文献还基于政府内部环境因素及政府组织管理因素等，详细分析了这些因素对电子政务服务能力的影响，通过研究还发现，组织协作、文化、投入和服务运营等因素皆对电子政务服务能力产生或多或少的影响。除此之外，影响电子政务服务能力的因素还有很多，如质量、战略、人力、项目管理能力等（王婷等，2010；赵岚，2015；郑丽坤，2011）。

　　胡泽浩（2013）、赵岚（2015）针对电子政务的服务满意度，建立了完整的指数模型，用最小二乘法等一系列科学计算方法，对模型展开了详细的参数求解，论证了计算结果的准确性。在建立公众满意度指数模型以后，学者提出满意度测评的 SEM（结构方程模型）方法，将神经网络创新性地引入模型研究中，建立了政府门户网站的四个评价指标（便利性、可靠性、效率和关怀性），因为该研究是建立在 SERVQUAL（一种服务质量评价体系，其理论基础为"服务质量差距模型"，也就是服务质量取决于用户所感知的服务水平与使用者所期望的服务水平之间的差别程度，因此又称为"期望 - 感知"模型）基础上，因此具有可信度（陈春梅，2013；李锡钦，2011）。除此之外基于公众期望、公众满意、政府形象、互动性等七个方面构建了完整的测评模型，对电子政务的绩效展开了全面的评测。（丁煌、杨显宇，2013；史达，2006）。

　　胡广伟、潘文文、顾日红（2010b）基于电子政务服务传递有关理论，建立了完整的电子政务服务能力生态价值链模型，对管理路径等方面进行了全面优化，并给定了一些切实可行的技术路线。在《电子政务服务质量管理思路研究》一文中，研究者旨在将电子政务服务创新升级，最大限度地满足公众需求，并给出了一些合理化建议：首先，紧紧围绕"以公众为中心"这个服务宗旨，根据公众满意度对电子政务服务质量展开科学评估；其次，借鉴服务质量管理的有关内容，如理论和方法等；最后，构建完整的测评体系，体系要真实准确地体现公众的满意度，并将公众满意度作为后续服务改进的主要参考（蒋录全，2006）。

　　由于有关实证研究较少，有学者以西安市电子政务为研究对象，对电子政务服务的接受状况及影响因素展开了全面探究，并用实证方法进行了详细分析（王立华、苗婷，2012）。还有学者对成都市的城乡一体化电子政务展开了全面探究，并给予了全面的分析结论。我国针对电子政务所开展的研究大多停留在理论探索阶段，实证性研究则是少之又少，这也是国内在电子政务研究方面的一个弱项，有的学者虽然对一些基本数据进行了详细分析及考核，但是仍是基于大量的前人理论成果来完成的，创新性不高，而且缺乏完整的实证案例研究。

（四）国内外电子政务研究比较

据上述分析，国外在电子政务服务能力方面研究比较充分，我国相关研究起步较晚，暂时处于发展状态，但是也取得了很多重要研究突破。通过理论层面的分析，电子政务服务的内涵，以及建设之中的主要参照原则待以明确，不仅能为政府加大自身建设力度指明方向，促使其更好地为公众服务，还对电子政务服务能力受什么因素影响进行明确，让公众对电子政务有更加客观的认识，提高公众参与电子政务活动的热情和信心。由此可知，国内外学者在开展电子政务研究时，思路上更加侧重整套服务研究；内容上更加注重内容管理方面（刘宝润，2006；邱丽梅，2014）。

（1）国外研究质量比较有科学性，可参考性更强。国外有关电子政务研究已有数十年历史，而且研究大多是基于实证分析展开的，更加具有客观性和实用性，而我国研究大多停留在理论层面，实证研究十分缺乏，研究成果的可靠性较国外要低得多（王安耕，2008；赵岚，2015）。

（2）国外研究成果丰富且全面，国内研究理论整体表现为单一空洞。国外从各个层面对电子政务的服务传递路径进行了深入探究，尤其是对过程和影响因素两方面研究较多，而我国则是更多地从整体服务管理入手，对于细节的研究深入程度不够，研究角度也相对单一。当然，近些年国内学者对电子政务的服务研究力度不断加大，有关影响因素和传递路径等方面的研究也开始向更深层次发展（辛刚，2014）。

（3）无论是国内还是国外，有关电子政务服务能力的研究仍有诸多不足之处。以国外研究为例，国外学者在分析电子政务服务能力时，大多是基于整体研究来完成的，对 G2C 细节的重视程度不够，这一疏忽必然导致其研究的全面性不够。另外，虽然很多学者对影响因素进行了不同层次的分析研究，但是都未对这些影响因素进行科学的分类，而且所纳入研究范围的因素只是一部分，未将所有因素纳入其中，所以对其电子政务服务能力受各因素影响的规律研究不够全面，也没有充分的实证分析加以说明（李阳晖、罗贤春，2008）。

（4）国内研究之弱项在于我国学者对电子政务服务的研究大多是从宏观方面入手，如管理层面，而对于细节之处，如详细的各因素影响规律及影响大小等研究较少，并缺乏可信度较高的实证加以验证（Wang, Bretschneider and Gant, 2005；李林，2003）。

基于此，针对我国 G2C 电子政务服务现状，展开全面的影响因素探究分析，构建完整的服务能力影响模型，并通过实证对模型进行全方位的验证，具有十分重要的现实意义。

二 电子政务的理论

（一）电子政务的含义

自 20 世纪 90 年代，电子政务以崭新的面孔呈现在世人面前，其强大的活力令各国纷纷引用，各国学者也都对电子政务（Electronic Government）展开了不同层次的定义。现如今，电子政务的内涵不断丰富，不仅涵盖了政府自动化办公，而且融入了政府之间的视频会议、信息发布及共享等内容。电子政务是一种新型的行政管理方式，是政府将现代网络技术、通信技术等完美结合起来的新型服务手段，它存在于人们生活的方方面面（彭宗政，2009）。

虽然电子政务已存在多年，有关定义也是数不胜数，但是统一的定义仍未形成，各地对电子政务的定义仍存在一定的差异，目前应用最多的定义如下。

联合国经济社会理事会：电子政务是基于信息通信技术而形成的新型组织公共管理方式，有利于提升政府部门的办公效率，改善现有政府服务的品质，吸引更多的公众参与其中（马家宽、王亚沙、李刚、梅宏，2012）。

国务院信息化办公室：电子政务的本质是依赖信息和网络通信技术而建立的一种新型互动系统，这种互动包括各级政府间以及政府和公众间的互动，通过电子政务，政府的自动化办公步伐可加快，确保决策的科学性，与此同时，可以更好地实现资源共享，公众也可以随时随地地享受政府全面的服务。

国家信息技术中心：电子政务是一种政府管理手段的创新性变革，其最大的特色是管理和服务只能充分融入现代信息和通信技术，是政府进行组织结构重组及工作流程优化的新途径，可为社会公众提供更加完善的政府服务。

世界银行：借助电子政务，能够改变政府部门与公众的传统关系，有利于公众需求的自我实现，强化政府服务的传递能力，并有效提升政府的行政办事效率（白云笑，2015）。

国内学者蒋录全等（2006）将电子政务视为政府内外管理的精简优化方式，在计算机及互联网技术下，政府可以摆脱时空限制，将管理和服务提升到一个新的台阶。

另外，国内学者（李广干，2012；周斌，2007；程文彬，2006；刘宝润，2006；赵岚，2015；曾星媛，2007；刘华、温建荣，2005）基于不同层面，对电子政务进行了明确的定义。

但是，尽管不同机构、不同学者对电子政务的定义不尽一致，但其基本内涵是一致的：其一，电子政务存在和发展的基础是现代信息和通信技术，离开后者前者不可能存在；其二，电子政务涉及面广，不仅包含了常规的政府行政事务，还囊括了立法以及其他公共组织的管理事务；其三，电子政务并不是单纯地将以往的政府行政事务生搬硬套到网络上，而是对组织结构的重新组合以及业务流程的创新再造（张前锋，2005）。

（二）电子政务和电子政府的区别

有关电子政务的提法很多，如电子化政府、数字政府、联机政府、网络政府、在线政府、虚拟政府、电子政府等。笔者认为电子政务和电子政府是其中最典型的两个提法，有必要对两者进行分析研究。

一些专家认为两者是应该严格区分的。他们认为电子政务的重点在于"政务"，即政务的电子化，不涉及或只在很低的程度上触及政府的体系、制度、组织和结构等。而电子政府，其重点则明显在于"政府"，意味着政府体系建构在电子化基础上，意味着政府组织、结构相对于传统政府体制的变革，甚至触及整个政治体系的革新。

对于"电子政府"，最著名的是"政府再造"（Reinventing Government），和"无缝隙政府"（seamless government）概念的提出。"政府再造"是指 20 世纪 80 年代以来西方各国政府的改革浪潮，是汉默提出的业务流程再造（Business Process Reengineering，BPR）思想在政府等公共部门的应用。电子政府意义上的"政府再造"，其核心内容是建构一个虚拟的政府及其部门结构体系，实现的是分权化的、扁平化的、网络型的政府组织结构，本书在第五章将详细论述。

"无缝隙政府"由美国著名公共行政管理学家拉塞尔·M·林登提出，是指以满足顾客无缝隙的需求为目标的一种组织变革。电子政府意义上的"无缝隙政府"，最根本的是改善政府服务。电子政府是"虚拟政府"与实体政府的相结合产物，这种结合模式：虚拟政府——前台，直接面向不同公众，接收并解决其部分需求，而将大部分信息传递到后台——实体政府，由其做出回应，具体处理各种事务，并通过"网上政府"回馈结果给公众。认为应该区分电子政务和电子政府的学者还提出，两者的理念差异很大。电子政务的根本目标在于政府通过电子化的方式为社会公众提供更加方便、快捷和完善的公共服务。"以公众服务为中心，让他们享受到最方便、最体贴的服务，这才是我国实施电子政务战略计划的最终目的"。而电子政府实现的是一个网络化、扁平化、分权化、无缝隙的政府，意味着公众参与、公众与政府互动、责任政府等内容，这些也都是民主政治的重要内涵或要素。电子政府将在电子政务提供的优质公共服务基础上，超越政府服务的范畴，实践民主化政治的理念。而另外一些专家则认为电子政务和电子政府是一回事，两者仅仅是对 E - Government 的翻译名称上的差异而已，两者本质、内涵的把握基本一致，并没有根本性的区别。

在我国，为什么称为"电子政务"，而不是"电子政府"？国内的专家和学者的意见归纳起来有四条。

一是我国的体制中，党、政府、人大和政协四套班子都是从事政务工作的机构，只是分工不同。如果称为"电子政府"，势必要另行定义或说明，因为此"政府"应包括党、政府、人大、政协等，而统称为电子政务就不会造成混淆。

二是在英文中，名词可以做动词用，"E - Gov"可以理解为政府工作的电子化、网络化。但在中文中，"政府"这个名词不能做动词用，对于非专业人士，特别是对广大老百姓，很容易误解是否成立了一个"电子政府"的新机构。而"电子政务"就不会有此误会。

三是电子政务和电子商务从技术本质上来说是一样的，只是主体不同，以及由主体不同而带来一些不同特点而已。E - Business，E - Commerce 已经统一翻译成电子商务并已被大众所广泛接受。E - Gov 翻译成电子政务具有对应性。

四是电子政务可直译为"E - Gov"，不会造成国际交流时的理解障碍。所以，专家们经过多次热烈的讨论，最后统一了意见，在我国 E - Government（E - Gov）应称为"电子政务"，并且得到了国家信息化领导小组的认可。可见，将 E - Government 译为电子政务，是具有我国特色的。需要进一步指出的是，也有的学者提出"电子治理"的概念，这个概念势必包含更加广泛的社会政治范畴，一般来说，电子治理是电子政务及电子政府的政治手段、途径的放大。对于这个概念尚需进一步研究和明确。

基于上文所述，电子政府是一种依托网络技术等构建的"虚拟政府"，在此当中，公众可以更加便捷地享受政府完善周到的各类服务。从本质上来说，电子政府属于实体概念，其核心任务是将政府网络化，通过完善政府网站，优化政府的服务输出；电子政务属于程序概念，其最大的特色在于依靠电子手段实现行政目的，重点在政务（王铭，2005）。笔者赞同英文采用国际统一的 E - Government（简称 E - Gov），而中文翻译成统一的"电子政务"。详细来说，我国的国情具有其特殊性，电子政务是政府进行职能转变、提升服务质量的一种手段，其最终目标是淘汰以往的"管理型"政府管理方式，并用"服务型"管理方式予以取代；但电子政府则不同，其体现更多的是民主政治的价值追求，已经超越工具性的存在，它是政府体系全新变革的重要体现，当然这种设想目前只能停留在理论阶段，现实中我国的国情注定这目标难以实现。不仅如此，电子政务在体制等方面要求较低，只要信息化基础设施建设完善，政府可以迅速地引入电子政务，实现科学高效的政务管理，为公众输出更好的服务，可以说电子政务是政府服务改革的理想载体（冯海荣，2013；王志远，2005）。由此可以看出，"电子政务"更加贴合我国实际，如非特别注明，本文将"电子政务""电子政府"统一用"电子政务"一词来代替。

（三）电子政务的内容

电子政务涵盖面十分广泛，传统的政务活动，基本在电子政务中有所体现。如上文所述，电子政务的主体有四大部分，对应着四种模式，这四种模式的详细介绍如下。

（1）G2G：政府——政府间的互动。这属于最基础的应用，涉及更多的是政府内部政务活动。这种模式涵盖了同级、上下级政府之间互动，也涵盖了国内外政府间的互动，互动的主要内容是信息交流以及数据共享（张晶晶，2004）。从实现方式来看，G2G 又可细分为政府内部网络办公系统、政策系统及电子法规等十个方面的内容（周斌，2007）。

（2）G2C：政府——公众模式。在该模式下，政府可以依托电子服务系统，为公众提供所需的全方位服务。具体来说，政府可将有关方针政策、重要信息等及时地在网上予以公布，同时还可为公众提供就业指导、行政审批等各方面的服务。G2C 最大的特色在于，打破了时空的限制，促进了政民无缝互动，提高了公众的参政热情（李佳家，2007；苏玉娥，2009；赵爽，2003）。

（3）G2B：政府——企业模式。依靠先进的电子网络系统，政府能够及时地处理企业要求，为其输出更加优质的公共服务。在这种模式下，政府部门间的合作得以加强，在资源共享中尽快地为企业提供其所需的信息服务，原本烦琐的业务流程被大大简化，省去了很多不必要的审批手续，在提升政府办事效率的同时，为企业节省了开支，促进了企业快速发展。就目前而言，G2B 模式主要针对电子采购、招投标、税费申报缴纳等方面，除此之外，还可以办理一些简单的证照审批，并为企业提供权威的信息服务等（刘宝润，2006）。

（4）G2E：政府——公务员模式。这是政府机构推动内部管理电子化改革的重要体现，同时也是上述三种模式实施的基础。该模式依托先进的网络技术，加强行政办公自动化，并构建完善的员工管理体系，确保行政效率与公务员管理水平同步提高。这种模式应用最多的是对公务员日常管理方面，涉及办公、考勤、出差等细节。除此之外，该模式在电子人事管理方面也有重要应用，如电子化招聘、电子化绩效考评等，皆是借助先进的G2E 模式得以实现的（王梅，2004）。

除了上述四种模式，国内外学者还构建了其他模型，如 G2NGO（Non-Governmental Organizations，非政府组织）、G2NPO（Non-Profit Organizations，非营利组织）等（尹怀琼，2011）。

（四）电子政务的作用

电子政务的作用有很多，主要体现在以下几方面。

（1）促进政府职能转变，提高行政办事效率。在以往，政府的职能体现更多的是"管理"因素，而电子政务推行后，政府的职能发生了显著的改变，开始更多地注重"服务"，政府通过门户网站将有关政务信息予以整合公开，可以在线受理公众的业务要求，设置专栏供公众发表意见和建议，政府间的合作也得到了加强。总体来说，政府的服务职能逐渐形成，开始向公众需求方面转移，在有效整合现有资源的同时，为公众创造更加透明的政治环境，向公众提供全方位的细致服务。在电子政务模式下，政府的管理开支等大大缩减，行政效率也是显著提升（彭熙，2002）。

（2）促进政务公开，推动政府廉政建设。电子政务模式下，政府需将有关政务信息在门户网站上及时公布，公众有权对常规政务信息进行了解，并执行自己的参与权和监督权。通过政务公开，政民互动加强，消除了政民之间长期形成的隔阂，公众对政府的信任程度也会加深，并将发现的问题或建议等及时回馈给政府，为政府后续服务的改进提供参考。与此同时，电子政务的公开极大降低了"暗箱操作"事件的发生概率，这对政府廉政建设具有重要意义（李广干，2012）。

（3）加强行政监管力度。20 世纪末，我国很多"金字工程"陆续启动，如"金关工程""金税工程"等，随着电子政务普及率提升，政府在经济监管方面的力度得到了显著增强。偷税、漏税等事件发生的概率逐渐降低，切实保障了人民群众的合法权益。与此同时，在电子政务信息化条件下，网上追逃罪犯也取得了重大成效（宋建辉，2005；王志远，2005）。

（4）政府的公共服务能力显著增强，服务质量也获得了大幅提升。电子政务的推行，让政府极大地丰富了公共服务手段。而且，在电子政务模式下，公众可以随时随地地享受政府服务，还能将自己的个人需求反馈给政府，政府根据民意有针对性地创新服务、整合服务，在解决公众需求的同时，政府的服务能力和质量也得到加强。不仅如此，电子政务对公务员素质也提出了更高的要求，公务员在提升自身综合素质的同时，服务能力和质量也会进一步提升（刘宝润，2006）。

（5）优化市场环境。一个地区若是能将电子政务真正落到实处，必能提高政府的服务能力，无论是行政办事效率还是办事原则，都可以体现出当地政府的外在形象，投资者在考察投资环境时，必先对当地的政治环境加以了解，通过电子政务提高政府的形象，有利于吸引更多的投资者到当地投资，进而推动当地进一步发展（李永刚，1999）。除此之外，电子政务有助于减少很多传统政府服务下的诸多不必要的行政审批手续，避免企业时间浪费，有利于企业缩减开支，实现更好更快的发展。

（五）电子政务的发展阶段

现如今，针对电子政务发展阶段的划分方法仍未统一，从国际目前使用状况来看，四阶段、五阶段和六阶段分类方法使用最多，其中又以欧委会四阶段论为标准。

第一阶段，在线信息发布阶段（Posting of Information Online）。这属于电子政务的起步阶段，其最大的特色就是政府借助网络的实时性将有关政务信息予以发布，可以说此时电子政务的主要作用就是充当政务信息的发布载体。现如今，我国的一些政府门户网站仍旧处于落后的起步阶段，其主要功能就是发布有关法律法规、政策信息等，缺乏完整的服务功能（罗峰，2004；周斌，2007）。

第二阶段，单向交流（One-way Interaction）阶段。在这个阶段，电子政务在功能上有了一定拓展，政府可以基于此向公众输出便利的行政服务等。公众也可以共享网站上的部分信息，如下载报税表等。但是公众却没有办法将自己的信息内容进行上传，体现出单向交流特征（胡泽浩，2013；周斌，2007）。

第三阶段，双向互动阶段（Two-way Interaction）。此阶段较上一个阶段最大的突破就是公众可以将自己的信息内容（如表格）利用网站进行上传。政府门户网站一般设置专栏或信箱，公众可以对行政事项进行咨询，也可以反馈自己的建议。除此之外，政府也会有针对性地将重要事项通过网站专栏形式搜集公众的意见，作为后续决策和服务改进的重要参考（冯海荣，2013；宋建辉，2005）。

第四阶段，在线处理事务（Full Online Transactions, Including Payments）阶段。电子政务发展到此阶段，功能框架已基本成型，公众可以在平台上快速地完成缴税纳税、行政审批等。政府的服务能力大幅提升，与公众的互动大大增强（李佳家，2007；尹怀琼，2011；张岱，2008）。

三 政府门户网站 G2C 概述

（一）政府门户网站 G2C 的概念与内涵

从字面意义来解释，门户（Portal）多指正门、入口，现如今人们常将其指代互联网门户网站，其含义被深入拓展。很多学者将门户视作拥有多元化信息，且能为用户提供多种服务的窗口（侯卫真，1900；赵雪，2009）。

门户网站，其本质是一种应用系统，涵盖诸多综合性网络信息资源，且能向使用者输出多种所需的信息服务。自20世纪政府办公引入互联网以后，"政府门户网站"一词应运而生。该词最早是根据英文单词"General Portal of E - Government"汉译而来。虽然门户网站已经有多年发展历史，但是国内外对其定义标准仍未统一（李广干，2012）。

政府门户网站的主要职能是实现各级政府网络互联，为公众、企业等提供引导性的信息和服务。由此可看出，其功能更侧重于"引导"，缩短公众获取信息的时间，使公众能尽快享受到对应的服务，并非直接输出信息（刘颖，2005；史建玲，2003；张威，2014）。

政府门户网站是基于信息化建设而成，需要强大的信息技术做依托，它是政府对外交流的重要平台，也是政府输出在线公共服务的良好载体（刘学然，2007；徐晓林，2002）。

政府门户网站是由一级政府所建，是一种跨部门的综合业务应用系统，无论是社会公众还是政府职员，皆可以通过门户网站迅速地获取有关政务信息，取得所需的个性化服务。现如今该定义被诸多学者认可并引用（李广干，2012；李婷婷，2012；宋军，2003）。

（二）政府门户网站 G2C 的功能

政府门户网站是政府展示自我形象的良好平台，也是为公众提供完善服务的理想工具，其核心功能如下。

（1）信息发布功能

基于互联网平台，围绕公众需求并发布权威可靠的信息是政府门户网站最为基础的功能之一，也是电子政务模式下输出公共服务的最佳媒介。信息发布功能，可以促进政府对信息资源的有机整合，强化信息服务能力，有效地消除数字鸿沟带来的政民互动障碍，公众可以更加便捷地获取可靠信息，进而做出对应的科学决策，与此同时公众也可以真正地执行监督权（余醒，2003）。

（2）信息整合功能

在互联网时代，信息往往表现为量大且杂，而且真假难辨，这对用户使用信息造成了巨大障碍。政府门户网站具有良好的信息整合功能，政府可以根据实际需求对各层次、各标准下的应用系统展开有针对性的整合（曲成义，2001）。政府门户网站作为一个良好的互动平台，可以帮助用户更快地找到对应信息或业务应用，政府也可以及时地搜集公众需求并给予快速答复。不仅如此，作为服务型政府，其门户网站必须具有强大且便利的功能，能够适应公众众多的个性化需求，让公众能够在最短时间内找到所需政府信息（Eifert，2001）。

（3）在线服务功能

在线服务功能是为了提高行政效率、响应公众需求所设置的基础功能。政府门户网站的建设要紧紧围绕"公众需求"来展开，政府需要对现有的业务进行优化再造，充分地整合现有信息资源，避免"信息孤岛"出现，为公众打造完善细致的"一站式"服务（李虹来，2011）。

（4）互动交流功能

政府门户网站的重要性上文已述，它不仅是电子政务的核心，更是部门间有机整合的良好工具，可以将原本无序的管理、复杂的程序，进行集中、汇合、梳理和规范，形成"一站式"服务，有利于展示政府的良好形象，并可以实现政府间、政民间的良好互动（陈果，2008）。在此当中，需要消除互动障碍，疏通互动渠道，引导公众积极地参与到政府管理与决策中来，这也是政府门户网站应当具有的最重要功能。现如今，各国政府都对电子政务给予了高度重视，将其视为改善政府服务现状，提升公众参政热情的有效手段，我国也将电子政务提升到了新的发展高度，并给予了全方位的支持（陈明亮，2003）。

（5）交易功能

政府门户网站还配有便捷的在线交易功能，公众不用亲自到场，也可以在网站上顺利地完成整套交易流程，这极大地缩短了公众来回奔波所耗的时间。交易功能目前主要针对政府规定的缴费事项来展开。公众从搜索信息到最终完成交易，皆可以在网站上予以实现。基于此，政府门户网站将传统的"政府"意义进行了彻底颠覆，现如今的虚拟政府基于现实政府而成，同时又在很多方面超越现实政府的功能，是一种名副其实的"超级政府"（程倩，2006；覃冠华，2014）。

（三）政府门户网站 G2C 与电子政务的关系

从本质上来讲，政府门户网站实际上是电子政务的一种形式和窗口。电子政务是一项十分复杂的系统性工程，要求政府对组织结构和业务流程进行改进和优化。所以，在电子政务系统中，政府门户网站只是其中重要的部分和环节。随着社会环境日益复杂，政府应该学会利用现代通信技术和互联网来进行公共管理和服务。政府门户网站和电子政务主要包含以下两个方面的关系（邓崧，2007；胡广伟、仲伟俊，2004）。

首先，电子政务的成果可以在政府门户网站上进行展示。广大公民和企业可以通过政府门户网站办理相关政务。通过政府门户网站公布的信息以及应用系统公众可以了解电子政务成果。同时，政府相关部门还必须利用政府门户网站的信息资源和应用系统对电子政务的绩效等内容进行评价。随着互联网的推广和普及，政府相关部门需要通过门户网站来向社会公众提供更加及时和高效的服务（胡广伟、仲伟俊，2004；覃冠华，2014）。

其次，政府门户网站可以整合和调整电子政务资源，为电子政务平台的运行提供网络支撑，提供更多的信息资源和数据（姜晓秋，2006）。通过政府门户网站，政府部门可以公开政务信息，社会公众和组织可以办理政务，这样就能让社会公众更多地参与政府管理和服务活动。通过政府门户网站，公众可以对电子政务的效果进行评估，不断促进电子政务各方面实现平衡发展。所以，从整体上来看，政府门户网站是电子政务的门面以及最为直接的体现（姜晓秋、陈德权，2006；李广干，2012）。

四　公众与政府网站 G2C 的关系

在电子政务建设过程中，政府应该逐渐对行政体制进行改革。政府部门应该不断加快电子政务实施和推广的进程，大力打造和建设 G2C 服务型政府及 G2G 职能型政府。在电子政务大背景下，政府部门和社会公众的地位正在发生着深刻的变化。社会公众不再是被动的被管理者，而是和政府部门之间的联系不断加强。随着 G2C 电子政务建设的不断加快，政府正在从管理者向服务者转变，这是 G2C 电子政务服务体系最为显著的特征（王强、韩志明，2007）。

（一）G2C 电子政务下客户需求的定义分析

在电子政务 G2C 背景下，社会公众逐渐地转变为"客户"。所以，各级政府部门应该促进 G2C 电子政务健康发展，为广大社会公众提供更加丰富和多样的社会公共资源和服务。传统的政府行政模式往往很难有效满足广大社会公众的实际需求，行政成本过高，同时也使得行政效率大大降低。在这种情况下，政府大力推进 G2C 电子政务建设成为必然的选择。政府应该建立完善的电子政务系统公共服务制度，为广大客户提供更多及时和有效的服务内容，不断满足他们的实际需求，这样就能加深政府部门和社会公众之间的交流和联系，提升公众的满意度（吴江，2002；徐晓林、李卫东，2007）。

政府向需求者提供特定产品和服务的意愿就是满足公众需求的首要条件。如果具备了 G2C 电子政务所需要的基础硬件设施以及实际操作技术，公众向政府索取的特定服务就可能变成现实。

随着 G2C 电子政务的不断发展，公众对政府电子政务和服务的需求不断增多。从整体上来讲，现实需求可以划分为两种类型。一是主动形态现实需求；二是被动形态现实需求。这两种形态现实需求实际上是对客户心理满足感的一种体现。心理状态不仅具有广泛性和共通性特点，同时还具有不稳定性和选择性特点等。

（二）G2C 电子政务公众及客户需求的广度与深度分析

近年来，随着政府利用网络管理模式的不断推广，政府根据 G2C 电子政务网络把更多的信息向客户进行发送。客户在接收到相关信息之后往往会感到满足和受尊重，这实际上也是电子政务建设的一个重要目的（芮国强、宋典，2015；张礼建、张敏，2007；赵国洪，2007）。

政府通过电子政务平台提供的服务可以让广大公众及客户感受到心理满意，这实际上是政府角色和立场的一种深刻的转变。在 G2C 电子政务公共服务媒介下，广大公众及客户不仅实际需求和心理需求得到了满足，同时也可以把服务意见向政府部门进行反馈。所以，广大社会公众与客户享有申诉要求的权利。政府在开展电子政务的过程中应该把握好服务的广度和深度，这样才能确保公共服务体现出更大的价值。

在确保客户需求广度的基础上，公众及客户对政府公共服务需求的深度主要通过以下两个方面来进行检验：一是服务方式需求①。政府通过电子政务系统向客户群体提供公共服务会受到很多因素的影响。电子政务系统的操作方式，经济社会环境以及生活习惯等都会对政府公共服务方式和质量产生不同的影响。从整体上讲，由于每个用户所具备的电子网络基础设施存在差异，这就使得他们享受的电子政务服务有所差异。随着互联网信息技术的不断发展和使用，G2C 电子政务公共服务实施方式变得更加丰富，不仅包括移动电子政务、政府门户网站以及公共信息终端，同时还包括一站式服务系统、政府呼叫中心以及广播电视网络等（Andersen and Henriksen，2006；Ho，2002）。由于社会公众对政府公共服务需求存在差异，所以政府应该采取不同的电子政务服务方式来有效满足广大社会公众的多元化需求。二是服务内容需求。政府相关部门应该根据社会公众对实际服务内容的需求，通过电子政务平台和系统来提供公共服务。政府打造 G2C 服务型电子政务平台最根本的目的就是不断满足社会公众的实际需求，进而获得更多的社会公共利益。政府部门应该严格按照客户的真实需求在开展电子政务的过程中向他们提供更加专业的服务和内容，这才是政府部门着力打造 G2C 电子政务的关键所在。按照内容不同，可以把客户的内在需求划分为三种类型。一是知悉类；二是咨询类；三是办事类。政府部门应该根据公众及客户实际需求来对政府服务内容进行细化，这样才能确保向客户提

---

① White House, "Accenture: Leadership in Customer Service: New 'Expectations, New Experiences,". Last modified in March 2005, http://www.accenture.corn/Global/Research and Insights/.

供更加专业的服务和内容。譬如信息发布业务应属于政府部门所构建的 G2C 电子政务信息公开环节（Brown，2007；Chadwick and May，2003；Christensen and LÆgreid，2004）。

随着网络信息技术的不断发展和普及，G2C 电子政务发生了十分深刻的变化，客户需求的广度结构也在不断地完善和发展。所以，政府向客户及公众提供服务方式的层次正在不断地缩减。广大社会公众对具有创新性和丰富性的政府服务产生了很大的需求。政府相关部门应该通过电子政务平台向广大的客户及公众提供多元化的服务，这样才能不断达到广大客户和社会公众的期望（Esteves and Joseph，2008；Evans and Yen，2006）。

应该通过客户需求的深度来对客户对政府公共服务的需求进行检验。随着经济社会的不断发展和变化，G2C 电子政务服务内容深度不断增加。如果广大客户的真实需求得到了有效地满足，他们就会对政府部门产生满意感和归属感，这样也能拉近政府和广大人民群众之间的距离。但是，由于各地的经济发展水平存在着很大的差异，地方政府电子政务发展状况也存在着很大的差异。很多地方政府和相关部门无法通过电子政务平台向广大社会公众和客户提供全方位的优质服务。也就是说，在不同地区，电子政务发展存在着地区不平衡的现象。从整体上来看，国家应该促进电子政务均衡化发展，这样才能让广大社会公众享受到更加均等化的公共服务（Moon，2003；Norris and Moon，2005）。通过上述分析可以发现，政府公共服务的深度结构往往会受到客户需求的影响。为此，很多学者针对社会公众不同层次的需求对电子政务的发展和公共服务的供给进行了详细的研究。因为客户群体的心理存在着差异。所以，政府公共服务也呈现出差异化的趋势。

（三）电子政务 G2C 与公众需求的关系分析

在开展电子政务的过程中，政府应该根据公众及客户需求的满意度来提供公共服务。所以，客户需求满意度也是 G2C 电子政务的核心价值所在。从整体上来看，电子政务服务模式具有十分明显的公共属性。政府作为公共服务的供给者，在开展电子政务的过程中应该坚决以公共利益为标杆，这样就能把电子政务平台的公共性更好地展现出来，才能不断满足广大客户的多元化需求（刘燕，2006；宋昊，2005；王娜，2012）。

正是客户需求的多元化，才使得政府通过 G2C 电子政务平台向广大的社会公众传播更多的信息以及提供更多的社会公共服务。近年来，随着我国经济社会的快速发展，经济社会各个领域正在发生着十分深刻的变化，客户需求结构也正在发生着十分深刻的变化。客户在较低层次需求得到满足之后，就会产生更高层次的需求。所以，政府部门应该依托成熟的 G2C 电子政务服务模式，在有效满足客户原有需求之后，重点对其新的需求进行发掘和关注，不断进行技术创新和行政体制创新（白学英，2016；池嘉楣，2008；李海涛，2014）。政府有关部门应该从人性化层面来大力进行电子政务建设，以用户为中心，建立健全客户需求服务和保障机制，根据客户的真实需求来制定电子政务规划，这样才能让 G2C 电子政务成为服务社会公众，加强群众和政府之间联系的有效平台。政府相关部门还应该对客户需求的"满意度"进行评价。如果客户对政府公共服务十分满意，就证明 G2C 电子政务建设发展和所附属服务型政府运作十分成功。所以，G2C 电子政务平台的有效运作以及政府公信力的形成往往会受到客户需求"满意度"评价的影响（陈争艳，2007；胡大平、陶飞，2005；刘腾红、刘荣辉、赵鹏，2004）。通过上述分析可以发现，把客户满意度纳入 G2C 电子政务考核体系当中，充分体现了党和政府对广大社会公众利益和需求的重视，使得"客户管理关系"的内涵变得更加丰富（杨秀丹、刘立静、王勃侠，2008）。

（四） 电子政务 G2C 的定义及优势

随着 G2C 电子政务的发展，政府部门会把更多的信息向社会公布，社会公众也可以通过电子政务平台快速地办理业务，这样就能使社会公众的知情权和参与权得到保证。从整体上来看，政府部门通过电子政务平台可以向社会公众提供种类十分丰富的公共服务，不仅包括税务服务、就业服务、教育培训服务以及医疗服务等，同时还包括身份证服务、信息披露服务、交通管理服务以及社会保障服务。可以说，电子政务平台提供的服务涵盖了广大社会公众日常生活的各个方面（赵向异，2007；金献幸，2007；刘渊、邓红军、金献幸，2008；赵向异，2007）。

从整体上来讲，G2C 电子政务具有以下三个方面的优势。

（1）社会公众可以通过 G2C 电子政务平台和网络获得大量的信息，减少信息不对称现象的产生（蒲忠，2011）。

（2）G2C 电子政务平台可以加强民众和政府部门之间的交流互动，可以推进网上办公建设。

（3）G2C 电子政务平台可以为广大社会公众提供一站式办公服务，积极引导广大社会公众进行网上参政，进一步减少和降低行政成本（李颖、徐博艺，2007；赵岚，2015）。

五　政府与公众沟通的理论基础

（一）政府与公众沟通的历史背景和理论研究

政府和社会公众可以通过 G2C 电子政务平台来进行沟通和交流，可以让社会公众对政府部门形成一种有效的监督。通过 G2C 电子政务平台，广大社会公众可以充分地表达自己的看法和意见。法国著名思想家孟德斯鸠曾经说过："有权力的人如果不接受监督往往会滥用权力，这是一条永恒的定律。应该为有权人设置一个权力界限。"所以，孟德斯鸠认为，权力的运行应该接受社会公众的监督，这样才能防止滥用权力现象的出现。G2C 电子政务平台为社会公众对公共权力的监督提供了一个有效的平台（Yalin and 王俊平，2008；庄子民，2015）。卢梭于 18 世纪 60 年代初创造性地提出了"主权在民"的思想。他认为，舆论是一种十分强大的社会力量，具有不可压制的特征。卢梭认为，一个十分成熟的社会就是公共意志可以真正控制社会舆论导向。尽管卢梭并没有提出公共意志达成的具体做法，但是他认为社会公众往往通过充分讨论以后才会产生公共意志（连伯文，2015）。在一个秩序井然的社会中，每一个公民都放弃了天然自由，获得了契约自由。个人的权力转交给集体，个人的意志往往集中成为社会公共利益。所以，在政府权力使用和运行过程中，广大社会公众应该积极参与，对政府进行监督。

21 世纪是信息世纪，各级党委和政府应该充分认识到信息社会对整个社会以及行政环境产生的影响和变化。政府应该改变传统的行政方式，由管理型政府向服务型政府转变。所以，建设和发展电子政务系统成为转变政府服务方式的重要途径（杨道玲、于施洋，2009）。大力建设电子化政府符合全球化和信息化的发展趋势。詹姆斯·布坎南的公共选择理论以及斯蒂格勒倡导的新制度经济学应该成为政府发展电子政务有力的思想理论基础。同时，戴维·奥斯本，特德·盖布勒的新公共管理理论也可以为电子政务的发展提供强大的理论支持（徐强，2010）。对于很多西方国家来说，实施电子政务实际上就是一场行政改革运动，通过这场运动，可以重新塑造良好的政府形象，不断降低行政成本，提高行政效率（赵晨，2011）。

（二）政府与公众的范围界定

不同领域对公众的理解也有所不同。在公共管理领域，政府管理和提供服务的对象就称为公众。所以，公众不仅包括公民，同时还包括法人和社会组织等。具体来看，一个区域或者城市的当地居民、外来人员以及机关企事业单位和其他相关人员或者组织都属于公众的范畴（Stowers，2001）。很多人认为不仅是公民，广大的社会组织也属于公众，不仅包括营利性组织，同时还包括非营利性组织和民间组织（T. H. Kim，Im and Sang，2005）。很多学者认为公众应该包括：首先，政治和经济上保持独立的公民；其次，理念保持独立的知识分子；再次，具有自由报道权的媒体；最后，有民间非政府组织的存在。

本研究在政府门户网站以及电子政务系统中所指的公众不仅包括个体，同时还包括组织单位。同时，由于电子政务平台和政府门户网站的受众更加广泛，所以，本文中所提及的公众的范围变得更大（Kunstelj，Jukić and Vintar，2007）。在本文中所提到的政府不仅包括行政机关，同时还包括立法机关和司法机关。也就是说，掌握公共权力，为社会公众提供服务的机关都称为政府机关（王晓瑞，2011）。

（三）政府与公众沟通的必要性

政府应该加强和社会公众的交流和沟通，这样才能确保广大社会公众的意见和建议被充分倾听和采纳。由于受到传统"官本位"思想的影响，政府相关工作人员在倾听民意的过程中往往具有很大的随意性。这样就使得广大社会公众的意见和想法很难真正被倾听。通常来讲，很多政府部门和机关主要采取座谈会的形式来邀请民意代表进行座谈，这样很难真正全面地了解民意，这种方法十分封闭，同时也会产生不真实的信息（刘洪璐、张真继、彭志锋，2005；张向宏，2010）。

当今社会是法治社会，加强政府和社会公众之间的交流和沟通是建设法治社会的根本要求。往往社会公众的想法和建议十分具有远见性和科学性。所以，政府机关在决策和施政的过程中应该充分听取广大社会公众的意见和建议。传统的社会参与、政府决策的方式不仅包括公示、展示以及民意调查，同时还包括咨询、座谈会以及听政等。这些方式毕竟参与的人数十分有限，使得广大社会公众很难充分表达自己的意见，政府和社会公众之间存在着交流障碍（王晓瑞，2011；许跃军，2008）。随着网络信息技术的不断推广和使用，政府部门通过其门户网站和社会公众之间的联系和交流不断增多，政府和社会公众之间的距离不断地被拉近，这样就能使得社会真实情况被快速地反映到政府部门，不断减少信息沟通和反馈的中间环节，大大提高了政府的行政效率（强月新、张明新，2007；张李义、赵雪芹，2005）。

大力促进网络政治参与的发展可以激发广大社会公民积极参与政治的积极性和责任感，也有利于公民独立政治人格的形成。社会公众可以通过网络更加充分和自由地表达自己的想法。政府部门也可以更加快速地了解社会公众的真实想法，采取有效措施来消除社会公众的疑虑，进而使其满意。同时，公民网络政治参与还有助于打造一个阳光和透明的政府（肖微、卢爱华，2009）。

（四）公众参与的原则

美国学者最早提出公众参与的概念。"参与式民主"是公众参与最早的体现（Participatory Democracy）。公众参与的概念和理论开始在 20 世纪 90 年代传入中国。我国学者认为对政府政策和公民生活产生影响的一切活动都可以称为公众参与（俞可平，2006）。我国很多学者都持有类似观点，如崔建（2013）、王名和贾西津（2002）、许春蕾（2010）。在政府决策和施政的过程中，社会公众往往可以就和自身利益密切相关的重大决策事项和重大问题充分发表自己的看法和意见，为自己谋取更多的利益，这种行为就称为公众参与。通过公众参与，行政和立法工作的效率以及公平性和正当性可以提高（王辉霞，2012；王锡锌，2008；尤建新、蔡三发、王江，2003）。

公众参与的实现应该满足以下几个条件：一是存在代议制政府，赋予广大社会公众选举权；二是要确保政府信息的公开和透明；三是存在公民社会。由于我国体制和西方国家存在着很大的差异，公众进行政治参与还面临着很多的障碍，公众参与形式化现象十分突出。从整体上来看，我国公众参与主要包含以下几个方面的特点：一是公众参与是自上而下，需要借助外界压力实现；二是社会公众的利益要求和看法往往通过媒体进行传达，这样才会形成一定的合力，进而对政府的施政行为产生影响；三是社会公众的政治参与往往根据政府部门的安排来被动进行。社会公众参与最多的形式就是参加政府部门的听证会，存在着"形式化"的现象（牛文博，2009；颜端武、丁晟春，2005；袁艺、林生，2008）。

政府应该加强和社会公众的交流和沟通，这样才能充分听取他们的意见和建议，进而确保政府决策的科学性。完善的政治参与机制是社会公众民主权利的重要保障。通过网络平台，社会公众政治参与的范围会不断扩大，同时还会对政府的施政行为形成有效的舆论监督。

六 政府网站的一般沟通模式

政府和社会公众之间的交流往往是双向交流。政府不仅需要听取社会公众的意见和建议，同时也要积极主动地联系社会公众，主动了解他们的真实想法。一方面，政府有权依法选取沟通方式和机制，同时也承担着开通沟通渠道的义务；另一方面，社会公众也应该增强责任意识，把自己的意见和要求积极主动地告诉政府部门。通常来讲，政府门户网站具备以下三个职能：一是信息公开；二是在线办事服务；三是互动沟通。所以，也应该从以上三个方面来设置和选择政府门户网站考核指标（季金奎，2002；王浣尘，2003）。从整体上来讲，政府门户网站的三种职能通常也为社会公众提供了三种渠道。这三种渠道在沟通过程中发挥的作用往往也会有所差异。近年来，虽然在线沟通和交流不断增多，但是在线办事的效率不高，公共服务的范围也不够广泛（何国臣、张延安，2000）。

（一）以网站为平台促进政府与公众沟通的相关研究

政府门户网站的政民沟通效果往往会受到政府门户网站易访问性的影响。国外很多学者都从多个方面对政府门户网站的易访问性进行详细的研究和分析。但是，国内学者对政府门户网站易访问性的研究相对较少。易访问性（accessibility）实际上是指用户产品和服务获得的一种属性。可以随时获得产品和服务就称为易访问性。美国加利福尼亚大学（California State University）也对易访问性进行了详细的研究。易访问性实际上是指一种特别的环境。包括社会特殊群体在内的社会公众访问政府门户网站的网络环境就称为易访问性。所以，在设计政府门户网站的过程中应该突出可读性（王晓瑞，2011）。W3C 协会（World Wide Web Consortium）也对网络易访问性提出了比较高的要求。网络用户无论使用何种设备，无论在哪种网络环境下，都可以十分顺畅地访问和浏览网站就称为网络易访问性。即使是文化背景、用户自身状况以及地理位置等因素也不应该对网络易访问性产生不利影响。Berthon，Pitt 和 Watson 认为时间和空间不应该对政府和社会公众之间的交流形成阻碍。电子政府 G2C 受众范围十分广泛，所以，政府部门对门户网站的易访问性应该进行严格的限制，这样才能确保社会公众可以享受到更加优质的服务（刘小燕，2005；吕萌、孙向媛、于江、孙美英，2008；吴绍辉，2013）。

政府部门在其门户网站建设的过程中应该更加重视和社会公众的交流与沟通，这样才能让政府门户网站聚集更多的信息，减少信息不对称现象的出现。美国政府网站（www. first. gov. go）的页面设置十分简单，各功能模块十分清楚，可以为广大社会受众提供全方位的检索服务，不仅包括问题查询模块和网站地图模块，同时还包括初次用户辅导模块等（周宏仁，2002）。新加坡政府门户网站（www. gov. sg）以用户需求为设计和运行理念，为广大社会公众提供全方位和便利的服务。按照不同的使用群体，新加坡政府门户网站不仅包括政务服务和公民服务板块，同时还包括商务服务和非本地公民服务板块等。所以，新加坡政府门户网站是亚洲水平最高的政府门户网站（李靖华，2003）。此外，新加坡的移动服务水平也很高。但是，我国移动服务领域的发展才刚刚起步。德国政府门户网站（www. bundesregierung. de）为德国政府部门和社会公众提供了一个良好的沟通和交流平台。从整体上来看，德国政府门户网站的建设水平也居全球前十位（刘皓，2008）。保持"原汁原味"是德国政府门户网站最大的特征。德国政府门户网站中的信息和数据都是政府相关部门上传的原始信息和数据，这样就确保了德国政府门户网站的权威性（陆敬筠、仲伟俊、梅姝娥，2008）。政府部门主要负责人的联系方式还可以通过政府门户网站来进行公布，这样就方便媒体和他们联系。总之，"全面、权威、实用、互动"已经成为德国政府网站的标签（贾岷峰，2009）。

（二）政府网站信息公开

信息公开是依法治国的必然要求，也是政府转变职能的重要环节。从20世纪中期开始，各国都开始重视信息公开，试图通过信息公开来树立良好的政府形象。从整体上来讲，我国行政部门掌握着全社会80%的社会信息。从2008年5月起，我国颁布实施了《政府信息公开条例》，明确要求各级政府以及相关部门主动向社会公开信息。政府部门应该采取更多的方式向社会公布信息，这些方式不仅包括政府公报、门户网站以及新闻发布会，同时还包括广播电视以及报纸等。广大社会公众也可以根据自身的需要，在法律允许的情况下向政府部门索要政府信息（邓红军，2008；杨小峰，2009；刘渊、魏芳芳、邓红军，2009）。

政府可以把在管理和服务过程中产生的各种经济信息和决策信息通过门户网站进行保存和传播。所以，政务信息是十分重要的经济和政治资源。政府信息公开主要包括两个方面：一是行为方面，二是制度防范方面。行为必须根据制度来进行，制度对行为产生限制和约束作用。广大社会公众可以通过政府门户网站来浏览和下载政务信息（陈明亮、徐继升，2008；杨小峰，2009）。

政府可以通过多种渠道公开政务信息，如政府部门可以通过门户网站向社会公布信息。广大社会公众可以通过登录政府门户网站主动获取信息。通过政府门户网站公布政务信息具有以下几个方面的优势：一是可以减少不必要的中间环节，确保信息公布和传递的及时性；二是由于互联网的受众十分广泛，所以，政务信息辐射的范围也更加广泛；三是社会公众可以不受时间和空间限制，只要具备网络和相应设备就能获得政务信息；四是信息利用的方式不断丰富，社会公众不仅可以对信息进行保存和下载，同时还可以根据自身的需要使用政务信息；五是信息积累十分完整；六是信息不仅可以进行快速的汇集，还能进行整合和裂变；七是可以极大地减少政务信息发布和公开的成本（郭俊华，2011；刘金荣，2011；刘奎汝，2013）。通常来讲，政府门户网站主要包含以下几个方面的内容：一是政府部门主要负责人以及政府部门职能机构简介；二是相关法律和政策；三是工作数

据以及近期工作部署等。尤其是在处理突发紧急事件的过程中，政府部门
通常会把信息及时地传递给社会公众。

　　人社部门作为政府十分重要的组成部门，掌握着大量的人力资源和社
会劳动保障等方面的信息资源。这些信息会对就业者以及企业的经营管理
产生十分重要的影响。不仅包括基本的就业政策和相关法律法规，同时还
包括社会保险等政策。所以，社会公众对人社部门的信息资源关注度很高
（何振、唐荣林、张玉亮，2006；靳永翥，2009）。人社部门的门户网站不仅
包括基本的政策法律以及相关解读，同时还包括工作动态以及办事指南。
以人力资源和社会保障部网站为例，政府信息公开目录为：领导简介、机
构概况、政策法规、政府采购、重要会议、专题专栏、行政事业性收费以
及依法应公开的其他信息（见图 1 - 1）。

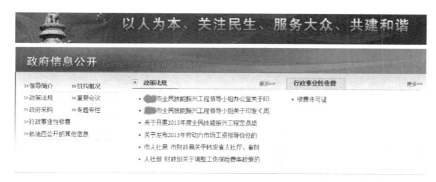

图 1 - 1　人力资源和社会保障局网站信息公开目录
资料来源：笔者整理。

（三）基于网站的公众参与

　　近年来，随着经济社会的发展，广大社会公众的参政意识和民主意识
不断增强。他们十分希望通过各种途径了解政务信息，同时也希望通过多
种途径来表达自己的看法和利益诉求。政府决策受到更多社会公众的影响，
政府决策的民主化和法制化的特点十分明显。所以，政府不应该刻意去回
避民意，而是应该加强政府和社会公众之间的联系，这样才能确保决策的
科学和民主（靳洪俊，2009；王芳、王小丽，2006）。近年来，我国政府机关
开始通过网络渠道来收集民意。每年的"两会"期间，人大代表在对某一
个议案进行讨论的过程中往往会开设专门网站通道，社会公众可以广泛地

参与讨论，这就使得人大代表的议案可以反映民意。

广大社会公众可以通过政府门户网站来快速和便捷地表达自己的意见和想法，这样也便于政府部门对相关数据和信息进行提取和统计。正是由于政府门户网站的存在，广大社会公众可以了解政府部门的施政过程和内容，政府部门可以通过门户网站来了解民意。社会公众可以随时在网络上匿名发言。所以，政府门户网站具有很强的包容性。在这种情况下，政府部门和社会公众之间的距离被大大拉近（Fu, Farn and Chao, 2006；Pijpers, 2004；Venkatesh and Davis, 2000）。

社会公众可以通过以下几种方式进行政治参与。社会公众可以通过领导信箱、公众论坛以及公众留言等方式来充分表达自己的看法，同时还可以通过网上听政、网上评议以及网上信访等形式来积极参与政府决策。这些参与方式具有不同的特点，笔者在文章中重点对人社部门户网站提供的几种公众互动参与方式进行介绍。

（1）领导信箱

领导信箱是最为常见的公众参与方式。广大社会公众可以通过领导信箱把自己的意见和建议直接传递到政府主要领导和负责人。为了保护社会公民的隐私，公民可以选择匿名写信。通过领导信箱，广大社会公众可以对政府部门和工作人员在施政过程中存在的不规范和违法行为进行监督。政府部门领导针对社会公众的来信，应该进行回复，这样就能加强双方的交流，缓解社会矛盾，也可以树立政府的良好形象（Lee and Turban, 2001；Tan and Thoen, 2000）。

但是，从目前来看，政府领导信箱在使用过程中还存在着很多的缺陷。没有做到有问必答是最大的问题。尽管很多政府部门开设了领导信箱，但是社会公众的信件根本没有得到有效的回应。真实情况是，政府相关工作人员在收到社会公众的来信之后，没有进行及时处理，这样就使得领导信箱成为摆设。

（2）网上调查

政府部门可以通过网上调查模块来收集和了解民意。通过网上调查，政府部门不仅可以获得广泛的信息，同时还能确保搜集到的信息的真实性和客观性。通过民意调查，政府可以对即将出台的新政策和办法充分征求和听取社会公众的意见，同时还可以对新政策进行提前宣传，减少政策实

施过程中出现的障碍。网上调查的方式十分简单，社会公众可以进行问题
勾选，同时相关的问题十分简单，易于回答，社会公众回答的积极性也很
高。通过网上调查，政府部门可以快速地对相关信息进行统计，信息的统
计效率和使用效率很高。现阶段，政府部门主要通过门户网站进行问卷调
查，根据公众的回馈意见来进行修正和完善（王芳、赖茂生，2009；王欢
喜、王正明，2015；杨清华，2011）。然而，政府部门针对政策和法规的实施
效果很少进行问卷调查。只有对政策和法规的实施效果进行调查，才能真
正使得社会公众的参与权和监督权得到有效的保障。

（3）BBS 论坛

随着互联网的不断普及和发展，越来越多的网上论坛开始出现。从整
体上来看，社会生活的各个方面都会成为网上论坛的主题。近年来，网上
论坛的数量不断增加。只要具备网络和设备，社会公众就可以在论坛上进行
简单的注册，进而就可以充分地发表自己的看法和意见。在论坛上，往往由
一个人发表一个主题观点，广大网友进行跟帖发表自己的观点（见图 1 - 2）。
但是政府门户网站究竟开不开论坛还是一个值得深思的问题。由于论坛话
题不受限制，参与者也很难受到约束。所以，政府部门门户网站的管理面
临着十分巨大的压力。由于政府门户网站具有一定的权威性和公信力，因
此，即使开设论坛也会受到限制（党秀云、张晓，2003；王欢喜、王正明，
2015；王晓瑞，2011）。政府门户网站应该结合社会公众的实际需求进行规
范化管理和运行，严格设置板块栏目。

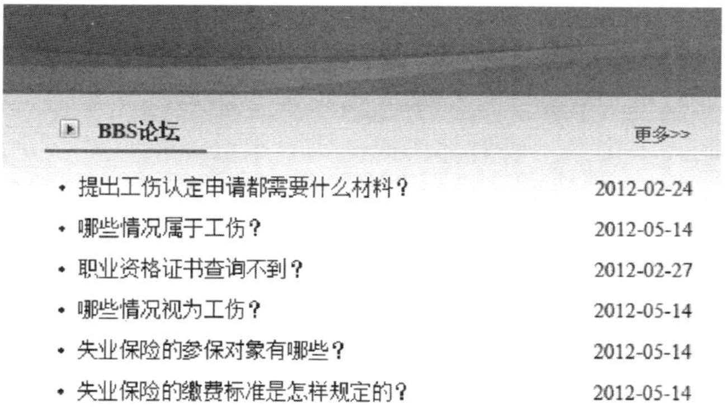

图 1 - 2　ZK 市人社局政府网站 BBS 论坛

资料来源：笔者整理。

七　服务质量

（一）服务质量的含义

一个服务系统提供服务的能力决定其服务质量。也就是说，服务质量实际上就是系统的最大产出率。所以，服务质量实际上和制造生产企业的生产能力的内涵是一致的。但是，如何衡量企业服务的质量是一个十分重要的问题。从整体上来讲，服务包含以下三个方面的特点：首先，由于服务差异性很大，往往很难形成统一的标准；其次，服务是无形的；最后，服务组织往往不会提供单一和统一的服务。服务主要包含五个要素，不仅包括人力资源要素和设备与工具要素，同时还包括设施要素、时间要素以及顾客参与要素（赵岚，2015）。

（二）电子政务服务的含义及特征

由于受到传统思维的影响，很多学者仍然认为传统的电子政务实际上就是电子政务服务。但是，这两者存在着十分明显的差别。首先，电子政务包含三种模式，即 G2B、G2G 和 G2C 模式，电子政务服务只包含两种模式，即 G2C 和 G2B 模式；其次，从整体上来看，电子政务服务属于电子政务的一部分。电子政务服务属于公共服务，但是电子政务属于行政范畴。最后，电子政务的功能要远远多于电子政务服务的功能。电子政务服务仅仅是指公共服务，但是电子政务还包括经济调节和社会管理等（胡广伟、潘文文、顾日红，2010a；李世收、胡广伟、仲伟俊，2009）。

因此，在对电子政务和电子政务服务进行区分的基础上，本书对电子政务服务进行如下定义：政府部门向广大社会公众提供数字化公共服务的行为就称为电子政务服务。政府办公网络是政府和社会个人、企业与组织进行协同和交流的基础。所以，政府部门应该对业务流程进行优化和完善，同时还应该使用先进的信息技术，这样才会产生优良的办公网络，形成十分丰富的内部信息资源数据库（丁璇、杨婷婷，2010；吴云，2014）。

（三）电子政务服务涉及四层模型

电子政务服务涉及四个层面的内容：一是理论基础；二是相关概念；

三是服务内容；四是提供方法。

表 1 - 2　电子政务服务的四层应用模型

提供方法	服务规划方法		服务提供机制		方法层
	服务管理方法		绩效评估方法		
服务内容	公共信息服务　公共事务服务　公共参与服务				内容层
相关概念	边界范围	应用目标	服务对象	技术手段	概念层
理论基础	公共管理理论、（新）公共服务理论				基础层

资料来源：赵岚，《我国 G2C 电子政务服务能力影响因素研究》，2015。

（1）理论基础

公共管理理论以及新公共服务理论是电子政务服务的理论基础。也就是说，电子政务服务理论不仅继承了传统公共行政理论，同时也实现了内容上的创新。电子政务服务理论以社会公众为中心，重点强调"电子参与"，十分符合服务型政府的建设，同时也是国际公共行政理论在中国的发展（马庆钰，2005；汪锦军，2012）。

（2）相关概念

①边界范围

首先，电子政务服务是电子政务以及公共服务的组成部分。所以，还有很多政府公共服务是无法通过电子政务来进行提供的。电子政务的职能众多，不仅包括政府管理，同时还包括社会监管以及经济调节等职能（赵岚、金敏力，2014）。

②应用目标

向包括企业和个人在内的广大社会公众提供更加优质、公平和高效的公共服务是电子政务服务的应用目标。电子政务服务应用目标应该积极主动和"服务型"政府相对接，定位一定要清晰和准确（胡广伟等，2010a）。

③服务对象

电子政务服务对象不仅包括社会公众和企业，同时还包括各级政府机关内部的工作人员（于凯峰，2013）。

④技术手段

电子政务服务系统要想平稳和安全运行离不开高新技术的支持。这些信息技术不仅包括 SO 技术和业务流程重组技术，同时还包括数据资源共享技术。电子政务实际上是电子信息技术和政务的完美融合，通过先进的互联网技术和计算机设备向广大社会公众提供更加全面和优质的公共服务。所以，电子政务服务平台的安全运行必须有先进的 IT 技术做支撑（Peristeras，2009；GilPardo，2010；Yang，2012；Peristeras，Mentzas，Tarabanis and Abecker，2009）。

（3）服务内容

电子政务服务内容十分丰富，不仅包括政府部门向社会公众公布的信息，同时还包括网上办事业务，主要包括公共事务服务以及公共参与服务（Peristeras，et al.，2009）。

（4）提供方法

①绩效评估方法

电子政务服务在实施过程中会和预先制定的目标出现偏差。所以，应该采取有效措施对电子政务服务效果进行绩效评估。根据绩效评估的结果对预先制定的目标进行修正。此外，通过绩效评估，还可以对服务管理方法、提供机制以及服务规划方法等进行校正（Yang，Zheng and Pardo，2010）。

②服务管理方法

电子政务服务管理方法包括很多种，不仅包括行政管理、人力资源管理以及财政管理，同时还包括项目管理、服务运营管理以及 IT 管理等。通过采取上述管理方法可以不断提高电子政务服务的效率，确保电子政务服务的高质量和高水平（T. A. Pardo，Ramon，Garcia and Luna-Reyes，2010）。

③服务规划方法

政府部门应该根据社会公众和客户的实际需求来选择服务方法。在选择之前政府应该对服务进行规划，充分考虑内部所掌握的资源和条件以及内部结构和业务水平等，从而对电子政务服务内容进行规划（赵岚，2015）。

④服务提供机制

为保障电子政务服务低成本、高效率、高满意度地运行，其方法和制度保障十分重要，要求政府部门做好服务提供，具体包含提供电子政务服务的业务流程安排、服务供给机制和组织结构安排等（于凯峰，2013）。

八 电子政务 G2C 公众满意度相关理论

电子政务公众满意度主要是针对公众和企业界调查研究做出的，在公民和企业都通过网络对政府在线服务进行整体评价时，能够将其满意程度进行主观的反映，由此可得，公众满意程度主要取决于公众接受服务前后的体验值及其落差（孙宝文、王天梅、涂艳，2012）。电子政务公众满意度形成机理如图 1-3 所示。

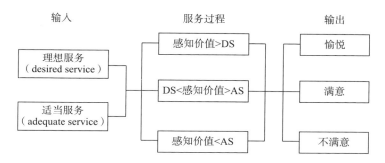

图 1-3 电子政务公众满意度形成机理

资料来源：刘燕，《电子政务公众满意度测评理论方法及应用》，2006。

（一）电子政务公众满意度提升策略

首先，政府与公众的关系应得到相应的转变，不仅要让群众更多地了解政务工作，而且激发其参与热情，使群众成为自己的主人，这种角色的转变能够帮助政务工作提高效率和满意度（孙宇，2010）。

其次，政府不断增加服务内容，除传统的服务内容以外，还应该增加医疗服务、教育和就业服务以及社会保障服务等内容。

再次，建立更好的网络服务平台，不仅能够增加相关应用的指南，增强公众在网络使用过程中的安全性和艺术性，另外，还能够有效地对用户做出相关的问卷调查，通过不同的渠道获取相关信息。

最后，要注重公众满意度形成的过程。

（二）电子政务公众满意度测评的现状

电子政务的公众满意度测评，有效地将公众的满意度融入电子政务绩效考核中，通过公众对电子政务建设的满意度进行评价，将有助于改善其服务方式，并逐渐应用于新领域中。

美国首先于 2001 年使用 ACSI 指标对联邦政府网站进行测评，通过改变传统的查看方式，对相关人员和网站进行评估，并使用顾客满意度对其效能进行测评，而且与其他方式进行比较，结果发现，该类评价方法要优于其他方式（刘瑛，2013）。

在我国，电子政务公众满意度是有待深入开发的领域，近几年国内才逐渐开始涉及，并建立相应模型对其进行研究和实证。我国学者李存龙在其论文中通过对"中国浙江"的政府网站进行研究，得出了初步的调查结论。

九　本章小结

本章主要是对地方政府 G2C 网站建设的相关理论及概念进行概述，电子政务是信息技术与政府管理相结合的产物，信息技术与政府管理都是不断发展的概念，G2C 是政府部门向广大社会公众提供服务的平台和载体。电子政务的建设不仅可以提高行政效率和透明度，同时还能有效减少行政和管理成本，提高行政监管的有效性（周玉建，2011）。此外，本章还对地方政府网站的 G2C 建设进行了相关的文献综述。西方国家主要对电子政务服务的作用、影响以及传递效果等进行详细的理论研究，同时还有很多学者进行了大量的实证研究。和西方国家相比，我国的电子政务理论研究起步较晚，主要是进行理论分析和介绍，没有涉及实证研究和分析。在我国，电子政务服务实际上是政府部门和社会公众进行交流和沟通的重要渠道，也是政府转变职能、服务社会公众的重要途径。

第二章 我国 G2C 电子化政府评估模式的研究方法及理论框架

一 研究方法

（一）文献调研

本研究通过中国知网、万方以及维普等数据库对相关关键词进行检索，对国内外涉及电子政务服务的理论研究成果进行广泛的收集和总结，对国内外的理论研究现状进行科学分析，充分借鉴国内外相关的理论研究观点，为本文的研究打下坚实的基础。笔者在这些理论观点的支撑下，对我国电子政务服务的现状以及影响我国 G2C 电子政务服务能力的因素进行了详细的研究和阐述，并构建适合人力资源和社会保障局的满意度指标设计适合我国国情的人力资源和社会保障局的电子政务 G2C 服务满意度调查问卷。

（二）网站内容分析法

通过浏览被调查单位的政府门户网站，把该网站的电子政务服务内容和相关的理论指标进行对比，对 G2C 服务功能和模块的具体指标进行相应的增加和减少，形成"政府门户网站 G2C 评估指标体系"，为后续的研究提供理论基础（杨华，2010）。

（三）德尔菲法

O·赫尔姆和 N·达尔克于 20 世纪 40 年代创造性提出了德尔菲法。T·J·戈尔登和兰德公司在后续的研究和实践过程当中对德尔菲法进行了完善和发展。该方法实际上就是按照相关的程序，通过匿名发表意见，团队成员之间不得进行交流，只和调查人员发生联系，进而对问卷进行反复的填写，最后得到各方面意见。专家对各方面的意见进行充分分析和论证，最后形成统一的看法。所以，德尔菲法也称为专家调查法（丁娜、王坚、赵霞、李莎，2010）。这种方法具有广泛的代表性，较为可靠。笔者在文章中使用德尔菲法进行了两次调查，最后形成了"政府门户网站 G2C 评估指标体系"。

（四）层次分析法

美国著名运筹学家托马斯·塞蒂（T. L. Saaty）于 20 世纪 70 年代创造性提出了层次分析法。它是一种量化评价模型，将主观的评价量化打分，根据一些相关资料或者专家意见，构造成对比矩阵，并计算。其过程为建立评价体系（目标层 – 准则层 – 方案层），构造成对比较矩阵，计算矩阵最大特征根及其所对应的特征向量，向量即为权重，进行一致性检验，通过则成立，不通过则重新构造矩阵。本研究在对政府门户网站 G2C 评估指标权重进行分析和确定的时候使用了层次分析法。

（五）问卷调查法

问卷调查法是一种十分常见的调查方法。调查者事先设计统一的问卷，然后通过各种方式把问卷发放到被调查者手中，然后让被调查者对问卷内容进行填写，充分征求他们的意见和看法。笔者在本章中参考了变量测量法，构建了适合我国实际情况的 G2C 电子政务服务能力的影响因素模型，进而提出了一份问卷调查。

（六）统计学分析法

本研究通过使用 SPSS22.0 和 EXCEL 统计软件对问卷调查的内容和信息进行录入和分析，确保检验数据的一致性和逻辑性。笔者还使用了加权秩和比法以及加权 TOPSIS 法，在实证研究的过程中对数据进行单一评价，然后对评价结果进行相关性分析，进而确定所构建综合评价模型的科学性和有效性。

（1）统计分析方法

笔者在本章中利用 SPSS22.0 统计软件从两个方面对统计资料进行处理和分析，不仅对影响电子政务服务能力的因素进行描述性分析，同时还进行了信度分析。本研究在对某地人社局 G2C 电子政务服务影响因素进行因子分析的基础上进行了回归分析。

（2）描述性统计分析方法

通过描述性统计分析，可以对统计量的均值、中位数以及众数等进行挖掘，然后还可以得出方差、标准偏差以及极大值和极小值等统计量（蚁金瑶、姚树桥、朱熊兆，2003）。

（3）信度分析的方法

信度分析实际上就是可靠性分析。采用同样的方法对同一对象进行反复测量，确保测量结果的一致性。在问卷调查中，如果对同一个问题的众多回答相同或者相近，就意味着该信度分析结果的可信度很高。所以，首先应该对统计量进行信度分析，在确保信息达到目标情况下再进行所有数据分析。本研究在本章中采用的指标是 Cronbach's Alpha 系数。如果该系数介于 0.60 ~ 0.70 之间，则表示可信度比较高。如果 Cronbach's Alpha 系数低于 0.60，则表示可信度不高，需要进行重新设计和调整（张军军，2008；周斌，2007）。

（4）相关性分析方法

对两个变量和因素之间的关联程度进行衡量可以使用相关性分析方法。利用该方法可以对两个或者两个以上的变量进行数理统计，进而找到这些变量之间的关系。根据相关分析结果、相关系数来判断两个或者两个以上的变量之间是否存在显著性关系（周斌，2007）。

（5）因子分析方法

降维思想是因子分析的理论基础。很多变量关系十分紧密，把这些变量归为一类，这一类变量就称为一个因子。根据因子来对变量指标或者因素之间的联系进行描述。所以，这样就能根据数量很少的几个变量把大部分的信息和内容更好地反映出来。在整体当中，总是存在大量的隐性变量无法进行测量。这些隐性变量往往可以直接表示为不同变量之间的直接联系。本研究是用因子分析法来对隐性变量之间的关系进行分析和衡量的（唐协平，2007；尹怀琼，2011）。

（6）回归分析方法

利用数学回归方程对不同变量之间的定量关系进行计算和分析的方法就称为回归分析法。本研究就是用回归分析法对某市人社局 G2C 电子政务服务的各种影响因素进行回归分析，明确不同因素的权重。

二 问卷收集的方法

（一）面访问卷调查法

和访谈者进行面对面交谈，填写问卷进而直接获得数据和信息的方法就称为面访问卷调查法。通过这种方法调查者可以快速和直接地收集数据。很多企业在市场调研的过程中，经常使用面访问卷调查法来对消费者的消费需求和目标市场进行信息收集。面访问卷调查法，采用的指标和格式十分规范，计算方法也比较简单，同时还可以直接获得公众信息（刘燕，2006）。

（二）电子问卷调查法

政府部门通过电子政务平台或者门户网站来收集民意和满意度的方法就称为电子问卷调查法。这种方法的缺点十分明显，使得它的其他功能被大大忽略，收集到的信息也往往不够全面和真实。近年来，随着互联网的不断普及和推广，全球已经形成十分科学和完善的信息服务网络体系（Perkins，1993）。从整体上来看，电子政务服务实际上是互联网的一种实际应用形式。很多社会公众信息都可以通过检索 Web 服务器日志文件获得，这些信息不仅包括姓名、年龄以及职业，同时还包括联系方式以及访问政府门户网站的时间、访问的结果（成功、失败、错误）、引用页的 URL、被访问页的文件名等（Chautard，et al.，1998；王海忠，1998）。同时，通过 Web 定位产生和获得的社会公众信息主要分为两种，一种是集中式社会公众信息；二是分布式社会公众信息。通常来讲，集中式社会公众信息信息量要比分布式社会公众信息信息量大，也十分容易获取。针对政府门户网站提供的公共服务，社会公众可以在论坛上充分发表自己的看法和意见，这些看法和意见都可以作为对电子政务服务进行绩效评价的依据（刘燕，2006）。

三 电子政务公众满意度调查问卷的可靠性检验

评价指标的建立以及前期的问卷调查的设计是电子政务公众满意度调查和评价的基础环节。评价结果往往会受到指标体系科学性以及问卷调查合理性的影响。所以，我们还应该对问卷调查进行检验。本研究在本章中对问卷调查的检验方法进行研究和分析（薛薇，2013）。

在对调查问卷进行可靠性检验的过程中首先要对问卷是否可以有效测量进行检验。如果使用相似的问卷，被调查者的回答是否会有所不同？如果再次就同样的问题询问同一个人，其前后的回答是否会产生差异？在问卷调查的过程中，是否存在相关因素对受访者的心理和情绪产生影响，使其不敢或者不会说出真实答案？

（一）电子政务公众满意度调查问卷的信度分析

测量前后的一致性实际上就是信度。Goetz 等认为，一项研究和调查可重复进行的程度就称为信度。使用同样的手段对同一事项或者事务进行测量，得到相同结果的程度就称为信度。所以，信度实际上就是可靠性和一致性。评价结果的可信性和可用性往往会受到问卷量表制定合理性的影响。量表中的内容或者指标合理全面就是指量表的合理性。评估项目只对某一个部分或者区域进行真实反映就是指量表的有效性。所以，对评估项目进行评估是十分必要和合理的。如果诸多评估项目是对同一个特征的测度，那么所获得的测试结果应具有较高的一致性（Birgelen, Ruyter, Jong and Wetzels, 2002）。

对社会公众满意度问卷调查的信度进行分析实际上就是研究量表的有效性，也就是信度。量表的信度主要包括两个部分，一是内在信度，二是外在信度。

（1）内在信度分析

对同一组评估项目是否对同一特征进行考察就是信度分析的重点。通过信度分析，研究者可以查看同一组评估项目是否存在内在一致性。如果这些评估项目的一致性程度很高，那么内在信度也就更高，评估项目也就十分有效，得到的评估结果的可靠性也就更大。在对量表内在信度分析和研究的过程中，应该率先对每一个评估项目进行基本的描述，然后根据相关数据计算系数，然后把多拿的项目进行简单剔除（薛薇，2013）。内在信度系数主要包括克朗巴哈（Cronbach）α 系数。

其计算方法如下：

第一，对每一个评估项目的相关系数矩阵进行计算，然后计算得到相关系数的均值。

第二，对克朗巴哈 α 系数进行计算，其数学公式如下：

$$\alpha = \frac{k\bar{r}}{1 + (k-1)\bar{r}} \qquad (1)$$

在上述数学公式中，评估项目个数为 k，所评估项目相关系数的均值为 r，通过计算可以发现克朗巴哈 α 系数位于 0 ~ 1 之间。所以，评估项目个数以及相关系数均值等都会对克朗巴哈 α 系数产生影响。如果评估项目个数保持不变，相关系数均值较高，这意味着内在信度也比较高，克朗巴哈 α 系数接近 1，系数十分高。如果相关系数的均值较低，则意味着内在信度较低，克朗巴哈 α 系数接近 0，系数十分低。所以，可以根据克朗巴哈 α 系数来对项目内在信度进行评价和检验。相关经验表明，假如克朗巴哈 α 系数大于 0.9，那么量表的内在信度很高；假如克朗巴哈 α 系数大于 0.8 小于 0.9，那么就表明量表的内在信度较低。假如克朗巴哈 α 系数小于 0.7，那么量表就需要考虑进行重新设计（邹凯，2008）。

通过式（1）可以发现，在相关系数均值保持一定的情况下，如果项目数 k 过大，那么克朗巴哈 α 系数也会很高。当 k 达到 10 时，相关系数均值很低，为 0.2，那么计算得到的克朗巴哈 α 系数就为 0.71。如果项目数 k 为 20 时，那么克朗巴哈 α 系数就会增加到 0.81。所以，如果项目数 k 不断变大，即使相关系数均值很低，克朗巴哈 α 系数也会很高，这就意味着内在信度的范围不断扩大，需要通过对其他相关指标进行分析（郭威等，2016）。

此外，还可以计算剔除的克朗巴哈 α 系数，即把某一个评估项目进行剔除以后得到的克朗巴哈 α 系数。如果把某一个评估项目进行剔除以后，相应的相关系数均值也会发生变化，如果剔除后的克朗巴哈 α 系数比之前的克朗巴哈 α 系数要高很多，那么就水平被剔除的评估项目和其他项目的相关性很低。正是由于把不相关的评估项目进行剔除以后，才使得所有的项目的相关性变得更强（文成林、周哲、徐晓滨，2011；邹凯，2008）。

（2）外在信度分析

在不同时点对同一批对象进行重复测量的过程中，查看这些测量的结果是否存在一致性就称为外在信度分析。如果经过两次测量发现评估结果的相关性很强，就说明项目的内容和概念是比较清晰的，不存在二义性，评估结果的可信度就比较高。本章对问卷进行外在信度分析的系数采用折半（Split-half）信度系数（康兵义、李娅、邓勇、章雅娟、邓鑫洋，2012；薛薇，2013）。

在外在信度评价的过程中经常使用折半信度系数。一些内在信度评价也可以使用该方法。把评估量表分为两个部分之后，分别对克朗巴哈 α 系数进行计算。在外在信度评价当中，克朗巴哈 α 系数也称为折半信度系数。对来把各个部分的计算结果进行比较分析，通过对两个计算结果进行分析，检验两个部分之间是否存在共性以及是否产生概念模糊以及二义性的问题（薛薇，2013；邹凯，2008）。

具体操作方式如下。

第一，对所有评估项目一分为二，然后对这两个部分进行计算；

第二，对上述总分的相关系数进行计算，记为 r_{xx}；

第三，如果评估项目的总数较少，那么 r_{xx} 就会不准确，需要对其进行完善和修正。如果两部分的评估项目数量相同，需要采用 Spearman-Brown 法对计算方式进行修正，如式（2）所示：

$$r_{xx}\Delta = \frac{2r_{xx}}{1 + r_{xx}} \tag{2}$$

如果两部分的评估项目数不同，r_{xx} 从方差的角度定义为：

$$r_{xx} = 2\left(1 - \frac{S_1^2 + S_2^2}{S^2}\right) \tag{3}$$

其中，S_1^2 代表第一部分总评分方差，S_2^2 代表第二部分总评分方差，S^2 代表两部分总方差。

（二）电子政务公众满意度调查问卷的效度分析

Selltiz 对测量方法效度进行了如下定义：根据同样测量方法计算出的分数不一样就表明所要测量的对象特征存在着十分明显的差异，产生差异并不是由偶然的因素和原因引起。这种定义包含了两个方面的含义。首先，测量方法正在测量的就是测量对象，不存在错误；其次，使用这种方法往往测量结果十分准确，不会出现误差（刘燕，2006）。

问卷调查正确性分析实际上就是对公众满意度问卷调查的效度分析。通过分析可以得到测量的问题特征反映的程度。每一个范围内的测量对象所适用的测量方法会存在差异。如果效度比较高，就意味着可以测出被测对象的特征。所以，在对测量方法进行选择和设计的过程中应该更加注重效度。必须把测量对象的特征值给准确地计算出来，这样才能让科学的实施步骤变得更加有意义，才能让测量结果变得可信。效度分为三种类型：一是内容效度；二是准则效度；三是结构效度，不同效度的测量方法不一样（马凯煌，2009），主要包括以下几种调查问卷效度分析方法。

（1）单项与总和相关效度分析方法

测量量表的内容效度往往可以使用这种方法。所选择的题项可以充分代表所要测量的内容或者主题的内容就称为内容效度。所以，内容效度也被称为表面效度或者逻辑效度。内容效度主要使用逻辑分析法和统计分析法来进行评价（王松，2007）。研究专家会根据所选课题是否符合测量目的进行分析的方法就称为逻辑分析法。对单项或者总体的内容进行相关分析获得评价结果的方法就称为统计分析法。对每一个题项的得分以及总得分的相关系数进行计算，判断二者是否存在显著相关性（刘燕，2006）。

（2）准则效度分析方法

根据已经存在的理论使用指标或者测量公库对问题题项和准则的联系进行分析的方法就称为准则效度分析方法。所以，该分析方法也称为效标效度或者预测效度项。如果问卷题分析法和准则之间存在着显著的相关关系，那么题项就是有效的题项。主要利用相关分析或者显著性检验来对准则效度进行评价。通常来讲，往往很难选择一个十分有效的准则来对调查问卷的效度进行分析，往往会受到一定的限制（王松，2007；张军军，2008）。

（3）结构效度分析方法

对测量结果的某种结构和测量值之间的对应程度就称为结构效度。利用因子分析法来对结构效度进行分析，很多学者认为，因子分析法是接近完美的效度分析法。利用该方法可以对测量量表的整个结构效度进行统一分析。从测量量表当中提取公因子，然后对公因子和特定变量的关联程度进行检验。公因子实际上就代表了量表的基本结构。通过对公因子进行分析和检验，调查问卷的设计结构是否达到了预期效果可待到验证（刘一剑，2009）。通常来讲，在使用因子分析的过程中，使用的指标往往很多，不仅包括累计贡献率和共同度，同时还包括因子负荷（杨华，2010；邹凯，2008）。

（三）信度与效度关系

可靠性、稳定性以及一致性实际上就是信度。但是，通过信度研究者往往看不出问卷的回答是否正确；根据测量目的探讨测评能否测出所想要的特征就称之为效度。对同一个测评的多个结果进行测量结果往往一致，但是并不能体现出所要测量的具体内容。所以，信度是效度的必要但是非充分条件。有信度的测评往往不意味着有效。但是有效的测评往往一定有信度（刘燕，2006；刘一剑，2009）。

四　本章的测评框架构建

由于目前相关用户对于电子政务的接受程度较低，电子政务在推广过程中也受到较多的阻碍，因此需要制定更为严格的办法进行推广，在一定程度上会造成用户的无法理解。通过进行相关研究，研究者发现在中国电子政务研究方面亟须建立一个全面的测量模型。

电子政务发展目前处于信息呈现阶段和交流互动阶段，对于二者的研究过程中，研究者应注意其内容和功能。另外，笔者通过相关网站对用户的感知进行了解，希望能帮助政府更好地发展网络服务。

该研究不再基于相关研究成果，而是提出一个全新的模型进行探索，根据对相关研究的了解，将得出影响网站质量的几个因素（见图 2 - 1）。

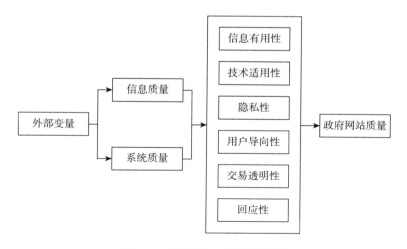

图 2 - 1　政府网站质量测评框架

资料来源：刘芳，《政府门户网站的服务质量评价》，2015。

使用者首先需要接受互联网的传播方式和信息接收方式，然后才能够进一步了解政府所提供的相关信息和服务。互联网作为一种新的传播方式和媒介，主要有两个关键因素，易用性和有用性。该种新服务方式往往使用起来十分轻松，并且也能充分激发出用户使用电子政务的积极性（孟庆国、李晓方，2013）。此外，政府通过建立网站，将引导用户进行使用。

研究者不仅要对影响政府网络质量的各个因素进行说明和研究，同时也需要了解已经出台和颁布的政策。政府门户网站往往会受到国家和经济建设等相关因素的影响。

影响网站信息质量的因素主要是信息有用性。影响网站系统质量的因素，包括网站系统的安全性和技术适用性等因素。同时，在对用户进行研究的过程中研究者增加了用户导向性和交易透明性等维度增加，全面体现政府网站的使用特点，有助于用户积极参与到政务决策中来，能够帮助用户增强对政府的信任程度（刘芳，2015）。

综合以上因素，本研究对相关信息维度进行响应和保护。

表 2 - 1　政府网站质量测评维度

维度	内涵	文献来源
信息有用性	内容可信、有用、在公众中建立信任和信心	S. Kim and Lee, 2004；Yang, et al., 2010
技术适用性	快速访问、上传和下载信息	Aladwani and Palvia, 2002；Liu, Arnett, Capella and Beatty, 1997；Yang, et al., 2010
隐私性/安全性	保障公众信息的安全，保护公众隐私	Barnes and Vidgen, 2014；Welch and Pandey, 2007；Yoo and Donthu, 2015
用户导向性	用户使用的舒适程度	Barnes and Vidgen, 2014；Rocheleau and Wu, 2002
交易透明性	公开成本收益，告知用户交易情况，传达交易通知	Rocheleau and Wu, 2002
回应性	及时、主动、有效地对用户进行响应，与用户保持交流	Rocheleau and Wu, 2002

五　本章的研究假设

上述几个维度可以有以下几个方面的解释。

信息有用性（Usefulness of Information）。Salahuddin 和 Rusli（2005）在进行研究中，对信息的准确性进行深层次的分析，同时，发现用户掌握充足的信息有助于其更好理解政府服务，如果信息认证不完整，会使用户产生较多的疑惑，甚至导致网上服务出现失败现象。在相关网站的有用性信息方面，需要确保信息的准确无误，并保证用户能够降低其风险，使用户对其质量的感知体验也逐渐减小（郭俊华，2010）。

技术适用性（Technical Adequacy）。作为信息控制中心，政府网站的访问速度必须很快。目前用户使用网络服务主要对以下两点感兴趣：有用性和其反应能力。用户希望在政府网站进行浏览时，能够以较快的速度进行信息的下载和相关表格的上传以及搜索等。如果用户在使用的过程中遇到麻烦，政务平台能够进行积极的解决那么用户的服务体验将大大提升；如果平台技术不够强大，使用户在浏览和使用的过程中出现中断，或者由于网络的卡顿造成公众上网浏览障碍，那么公众的预期将会大大降低（吴爱明、崔晶、祁光华，2011）。

隐私性/安全性（Security and Privacy）。政府可以通过门户网站来和广大社会公众进行交流，同时也可以利用门户网站来搜集相关的数据并且对这些数据进行保存。在这个过程中，安全问题也成为用户逐渐关注的事实。而服务商在提供服务时，需要对用户的相关信息进行保护，并保证不会被盗取和利用，在已有的相关措施条件下，选择更多关于政府电子服务证量的研究，保护其隐私不受到侵犯（吴爱明等，2011）。

用户导向性（Citizen Centricity）。如果政府充分考虑广大社会公众的实际需求，通过门户网站来提供相关的公共服务，那么使用者会更加喜欢在网上进行信息浏览。此外，如果能够加强双方的沟通，在网站上开通双方沟通的模块，有利于加强管理者与用户之间的关系，增加信任感，使用户感受到自己的价值存在，能够有利于用户使用网站（何娇娇，2012）。

交易透明性（Transaction Transparency）。政府通过相关网站完成使用者的各种服务，并且能够实现双方的在线交流和办事项目。交易透明性主要体现在对支付流程环节的高度重视，由于在线办事缺乏面对面的沟通和交流，用户缺乏安全感，因此政务平台要保持交易的透明性。首先，政府应该做到对相关交易的收益进行保证，加强网上服务的应用，有利于提高政府网站的积极影响（刘丽霞，2012）。

回应性（Responsiveness）。政府部门和社会公众往往会通过门户网站进行交流，不断增强社会公众的满意度和信赖感。政府在网上提供服务时缺乏交流的直观性，因此需要不断与公众进行互动，包括增加留言板和社交平台等。如果政府回复不及时，将会影响群众的使用意愿；如果政府能够主动、及时有效地进行响应，并主动询问用户的满意程度和相关意见，则能够对网站的质量维护有积极影响（刘红丽，2012）。

六　研究设计

（一）变量定义与测量

笔者在研究的过程中，主要从公众视角出发来提出相关网站质量测评表。对照 Churchill（1979）进行程序的开发，根据不同的步骤进行测量，然后对其进行量化与研究。

（二）政府网站质量测评

参照 churchill 的研究，本研究主要通过以下三个步骤对测评量表进行开发。一是按照概念化（Conceptualization）进行设计，二是对测评量表进行设计（Design），三是按照标准化（Normalization）的逻辑顺序进行研究和设计。根据 Churchill 所开发的研究步骤，首先需要将其概念化，将政府网站中所能表现出的质量结构进行研究，建立框架，总共收集到 62 个项目，并覆盖了所研究项目中的所有维度（刘红丽，2012）。

表 2 - 2　政务网站质量测评维度及其内容

维度	内容
信息有用性	准确没有错误；快速更新；有效满足需求；适用性强；相关；专家看法；特别内容；表格和信息表可以被下载；服务描述和内容完整；信息量大；比其他网站要多得多
技术适用性	载入和访问速度；多媒体都适用；点击总数；链接有效性；可访问性；技术支持；页面转换；稳定性和可靠性
隐私/安全性	安全承诺；社会公众信息；个人信息安全；信用卡信息安全；安全性和保密性；安全特点；用户信息使用；安全注意点；匿名
用户导向性	按照用户需求来提供服务和信息；以公众可视化的方式展现出来；小提示；内容清晰，组织性强；有组织的链接；搜索功能顾客化特征明显；用户很容易找到感兴趣的内容和信息；布局逻辑性很强；具备搜索功能；可以对功能进行导航；热情进行回答和解疑；对功能进行说明；相关网站链接；服务方式十分丰富；信息传递方式也很多；内容十分丰富；链接丰富；联系方式十分详细；公众使用须知；该网站的常见问题完善

续表

维度	内容
交易透明性	信息及时公开；及时通知在线交易状况；关于交易状态的回馈和提示进行发送
回应性	服务回应；帮助公众的意愿；同理心；用户追踪；公众信息交流；互动回馈；承诺解决问题

资料来源：刘红丽，《基于用户视角的政府网站质量测评实证研究》，2012。

　　接下来将进行 churchill 程序开发涉及的测量项目，从最开始得到的项目库中提炼出较高的项目标准，形成初级测量表。在研究中，笔者随机对 30 位人员进行访问，并通过不同的方式和他们进行随机访谈。访谈对象很多是政府部门工作人员，笔者对他们的真实感受进行了解；第二类是网站的管理者和维护者，他们根据部门的不同需求对网站进行定期维护；第三类是政府网站的研究技术人员，通过对各项技术进行研究，对项目得出较为全面的项目认识。

　　然后笔者将通过几个不同的案例对其进行项目评选。例 1，通过对项目库中的内容进行评选，并得出几个需要的信息，通过对其定位进行点击就可以明确信息的主要来源，"从内部开始进行网站定位往往十分容易"以及解决"页面内的前进和后退"等问题。例 2，对测评项目的可靠性进行测量时，主要针对用户对网站的信心和使用意愿，在进行调查时，对客户的满意程度和是否愿意继续使用具有较为关键的影响，本文将直接选用用户的网站感知。例 3，通过网站技术的支撑能力表现出其技术的特点和适用性，如对网站的技术能力的掌控有限，使其项目不具有可行性，因此将其删除。例 4，对字体、颜色等多种属性进行合理的检测，并根据其使用的具体方式和风格进行连通，使网站看起来更为美观，吸引用户的视线及注意力，结果见表 2-3。

表 2-3　政府网站感知质量相关测量项目的问句设计

编码	测量题项	非常不同意	不同意	一般	同意	非常同意
UI1	该网站信息十分准确	1	2	3	4	5
UI2	该网站信息更新十分及时	1	2	3	4	5
UI3	该网站的信息十分符合主题	1	2	3	4	5
TA1	访问的时候不会遇到障碍	1	2	3	4	5

续表

编码	测量题项	非常不同意	不同意	一般	同意	非常同意
TA2	该网站可以快速访问	1	2	3	4	5
TA3	网站设计十分美观大方，具有良好的视觉效果	1	2	3	4	5
TA4	该网站可以准确地执行和操作	1	2	3	4	5
SP1	该网站可以对个人信息和隐私进行保护	1	2	3	4	5
SP2	该网站不会把个人信息泄露出去	1	2	3	4	5
SP3	该网站安全措施十分完善	1	2	3	4	5
SP4	该网站不会对我的信息进行滥用	1	2	3	4	5
CC1	该网站以顾客化的方式呈现信息	1	2	3	4	5
CC2	该网站有着清晰的内容和组织	1	2	3	4	5
CC3	该网站提供了完整的服务描述	1	2	3	4	5
TT1	在在线办事的过程中我十分了解办事的流程和进度	1	2	3	4	5
TT2	我能收到十分及时的交易状况信息和回馈	1	2	3	4	5
RP1	该网站总是关注社会公众问题	1	2	3	4	5
RP2	该网站总能很热情地帮助我解决问题	1	2	3	4	5
RP3	该网站会主动询问我的满意度和需求	1	2	3	4	5
RP4	该网站提供了有效的沟通服务	1	2	3	4	5

资料来源：刘红丽，《基于用户视角的政府网站质量测评实证研究》，2012。

（三）感知质量测量

所谓的感知质量即用户基于之前对政府网站使用的经历所做出的评价。可用表2-4中的三个项目对其进行测评。

表2-4 感知质量测量

研究变数	测量专案
感知品质（PQ）	该网站提供的服务是需要
	该网站的质量符合我的期望
	我对这一网站的总体服务是满意的

资料来源：尹怀琼，《基于CRM-BSC的政府门户网站G2B综合评价研究》，2011。

（四）调查问卷构成

在对调查问卷进行分析时，主要针对两部分进行，第一部分是了解调查问卷的主要目的和调查者的背景身份，根据所提供的相应问答进行指导，问卷最先开始的步骤应该是填好受访者的个人信息，例如性别、年龄、健康状况、最高学历、职业和对调查主题的了解以及参与程度。第二部分是对调查主题进行研究，主要针对调查的相关变量进行，以及对参与调查者对相关主题的了解程度和使用情况以及经验进行分析。调查者使用 5 级量表进行测试，使研究对象根据相关类型的使用经验对本项目进行选择和评价，提出相关建议和意见，并对不同政府部门的电子政务进行限制和制定，使参与者在任何能够使用的区域都能完成此项调查问卷。本问卷共分为两部分。

本市人力资源和社会保障局顾客价值及
满意度的政府网站质量测评实例研究

您好！本调查问卷是针对公众对本市电子政务人力资源和社会保障局的满意度进行研究的，为获取相关资料咨询，本人真诚地邀请您填写问卷，本问卷是基于研究目的，不存在商业行为，采取不记名方式进行，并对您所填数据保密。本人感谢您的参与。谢谢！请您在所对应的选项内打"√"。

第一部分：个人信息

1. 您的性别：□女　□男

2. 您的年龄：□23 岁以下　□23 - 39 岁　□40 岁及以上

3. 您的最高学历：□高中或以下　□大专或本科　□硕士或以上

4. 您的职业：□私企工作者　□公务员　□事业单位工作者　□学生　□其他

5. 您使用政府网络的频率：□一周两次以上　□一周至少一次　□一月至少一次

第二部分：评价问题部分

分类	编号	问题	非常不同意	不同意	基本同意	同意	很同意
信息有用性	1	该网站的信息无虚假错漏					
	2	该网站的信息及时有效					
	3	该网站的信息满足需求					
	4	该网站的信息恰当合适					
	5	该网站的信息相关建议合理					

续表

分类	编号	问题	非常不同意	不同意	基本同意	同意	很同意
信息有用性	6	该网站的信息内容比较独特					
	7	该网站供下载的信息和表格完整					
	8	该网站的信息完整地描述了所提供的服务					
	9	该网站的信息内容完整					
	10	该网站信息比其他门户网站充足					
技术适用性	11	该网站的功能反应速度快					
	12	该网站的初始化速度快					
	13	该网站的多媒体技术使用合理					
	14	该网站的访问负载合理					
	15	该网站的链接有效性合理					
	16	该网站通过手机访问时页面无异常					
	17	该网站的技术支撑到位					
	18	该网站的浏览器版本支持合理					
	19	该网站的可靠性能够接受					
隐私性/安全性	20	该网站的安全承诺值得信赖					
	21	该网站能够得到您的信任					
	22	该网站能够保护个人信息					
	23	该网站能够保护信用卡信息					
	24	该网站的保密性较好					
	25	该网站的安全特征描述清晰					
	26	该网站的个人信息使用得到用户的授权					
	27	该网站的安全注意事项提示清晰					
	28	该网站的匿名登录受到限制					
用户导向性	29	该网站可以根据需求提供提示信息					
	30	该网站以公众视角的方式呈现					
	31	该网站的小提示比较完善					
	32	该网站的内容有组织性					
	33	该网站的链接有组织性					
	34	该网站的搜索功能顾客化					
	35	在该网站找到感兴趣信息的难度合理					

续表

分类	编号	问题	非常 不同意	不同意	基本 同意	同意	很同意
用户 导向性	36	该网站的逻辑化的布局合理					
	37	该网站的搜索功能完善					
	38	该网站的功能导航完善					
	39	该网站的热情解答及时					
	40	该网站的功能说明完善					
	41	该网站链接其他网站功能有效					
	42	该网站的多元化服务类型健全					
	43	该网站的各种信息沟通方式合乎法规					
	44	该网站的内容多样化且充足					
	45	该网站的链接方法多样有效					
	46	该网站的联系方式健全有效					
	47	该网站的公众使用须知完善					
	48	该网站的常见问题完善					
交易 透明性	49	该网站及时公开相关信息					
	50	该网站及时展示交易进行状态					
	51	该网站回馈交易状况迅建且准确					
响应性	52	该网站的在线服务方式健全					
	53	该网站把公众意愿放在首位					
	54	该网站能够及时响应用户的问题					
	55	该网站充分体现了同理心					
	56	该网站对用户进行追踪回馈					
	57	该网站的公众信息交流平台畅通					
	58	该网站的互动回馈及时					
	59	该网站能够兑现解决问题的承诺					

结合以上问题，您对该政府网站的综合评价：
□该网站提供的服务需要改进
□该网站的质量基本符合我的期望
□总的来说，我对该网站的服务满意
资料来源：根据调查归纳分析。

七　本章小结

在本章中，多种研究方法，如问卷调查研究、统计调查、文献研究、德尔菲法、对比研究法、网站资料统计法等都得到了运用。同时，本节还对论文的技术路线进行了分析，本章主要围绕"ZK 市人力资源局网站 G2C 评价命题—指标体系初始集"的研究思路和途径开展研究。最后，通过建立问卷的指标体系框架，便于对 ZK 市人力资源和社会保障局的 G2C 电子政务服务能力进行实证分析。

第三章 对四个城市人力资源和社会保障局 G2C 电子化政府的比较研究

一 专家访谈整理

日期	地点	访谈对象	方式	用时
2016 年 12 月 5 日		负责管理人力资源网站领导，专家	单独约了专家访谈交流	三小时

参与访谈人员性别、职务、年龄、职称见表 3 - 1。为了保护个人隐私，本文中隐去了被访者的名字。

表 3 - 1 某市人社局网站评估深度访谈对象

姓	性别	年龄	职务	职级
李某	男	58	××省人事厅主任	副厅级
杨某	男	43	××市电子政务中心主任	处级
许某	女	38	××市电子政务中心副主任	正科级
梁某	男	35	××市电子政务中心副主任	副处级
周某	男	31	××市电子政务中心科员	科员
程某	男	40	××市专技术科副科长	副科级

表 3 - 2 关于某市人社局网站评估深度访谈内容

地点	时间	访谈内容
	2017 年 12 月 5 日	一、网站内容方面 1. 请您谈一下网站内容全面性方面的意见，例如网站栏目设置、政务公开以及特色内容方面的情况。 2. 您对网站内容的实时性方面有什么看法？

地点	时间	访谈内容
		3. 您认为网站的内容是否完整和准确？ 4. 您认为网站的内容是否具有生动性？ 5. 您认为网站的信息检索功能如何？检索结果是否准确？ 6. 您认为网站信息发布的时效性如何？ 7. 您认为网站的栏目设置是否全面覆盖政府人力资源局职能？ 8. 您认为网站的内容是否具有生动性？ 二、网站设计方面 9. 网站的结构设计是否合理？谈一下网站的板块划分、频道及栏目设置、网站站内导航以及网站站外导航方面的设计情况。 10. 您认为网站表现形式如何？例如网页层级分布、页面布局、页面效果以及多媒体使用方面。 11. 您觉得该网站的标识系统总体而言是否合适？（主要是指该网站标识系统中的内容、网站的名字和域名、网站形象设计以及宣传口号。） 三、网站建设水平方面 12. 请谈一下您对网站技术方面的看法，例如特别的网站域名、网页运行速度、网站计量器具、网站语种设置以及相关网站链接这些方面，是否能满足您的需求？ 四、实时回馈方面 13. 您认为网站的在线服务是否达到您的预期？例如在索引和快速定位、在线服务的用户指南、在线办理程度以及用户回馈方面。 五、交互交流方面 14. 您认为网站的交互交流方面的功能是否合理？例如问题咨询、投诉和举报、在线解答以及论坛和留言板方面。 六、经济服务方面 15. 您认为网站的经济服务方面的功能是否合理？例如区域招商信息和政府人社局采购方面是否能够体现人力资源局的工作职责？

表 3－3　专家访谈内容整理 1

根据专家 1 谈话结果分析

　　在探讨网站的内容是否系统全面时，主要是看网站首页栏目的设置，要求大概能满足网站个人访客、企业访客以及政府人社部对于该类网站的硬性要求。基本上囊括了以上的栏目。政务公开方面，政府人社局公报有政府人社局公报栏目，但具体内容不完整。政策法规方面，有政策法规栏目，有此类基本数据。而对于政府的人社部门的主要信息告知则有：极多的或者所有的影响整体环境的关键计划、危机情况的对策、人社部门进行调整时的各种政策方针、人社部门同意的工程建设、主要工程项目的投标招标的具体使用方法以及人社部门投入建设的公共项目等等。而对于政府发布的信息则有：极多的或者所有的关于本地人力资源调整活动与外事活动、商议，官方人社部门的最新动态、官方人社部门对人社分配的调整。而在官方人社部门的结构职责和相关信息方面，则有所有的或是极大部分官方人社部门采用的结构、相应的职责和设计理念，官方人社部门的领头人介绍，下一级部门的职责、名称、介绍和联系方式。对于人社部门的职位变动方面，则主要包括所有的人社部门领头人的简介、职责分配以及调配、政府工作人员的任免选拔、

续表

根据专家 1 谈话结果分析

工作人员选拔的过程和结果。而对于文档管理方面，虽然存在着相关文件、表格，可对于部门的客户需求是远远不够的，下载不易，文档失效等。对于网站简介，应当在网页的首要位置进行描述，包括创建网站的背景历史、建设的原因方法等等。在网页的特别内容介绍部分，应该要根据本地工作情况来写，主要是本地的人文地理，社会生产发展和人力资源分配等，也含有投资、规划建设以及公益事业等入驻本地的特色事业。

对于网站内容的更新，工作人员应及时在每三天的范围中更新，并删除已经失效的信息。

对于网站内容的全面正确性要求，网站在设计栏目时第一要系统全面地考虑官方人社部门的责任，并包括其中；第二要保证官方的信息通知到位，包括政策方针、相关规定、重要通知、公示等信息，保证它们的正确系统性；第三保证网站首页背景信息系统、具体，对于简介的内容清楚、及时，第四要保证在线的信息与线下一致，准确，所有隐藏信息应主动说明。

对于网站内容的文采，应保证不包含技术的美化。

在网站信息搜索技术上，要求网站建立相关的历史数据库以及搜索全部历史信息的技术，有适用的搜索工具，网站信息及时更新以保证信息的正确完整，并且支持搜索网站文章全文搜索。

对于网站的相关链接，网站应具备一个特别栏目，为客户提供专门的相关链接网页，若在该网站使用另外网站包含的信息，那么所出现的链接是无效或者不完整的。多语种支持方面，没有多语种的支持。

索引和快速定位的评测（服务项目的索引）方面，虽然已经拥有相关服务的目录搜索，但是依然存在着许多使用不便之处。对此方面，客户的主要意见是网站的搜索功能不健全，不人性化，不能很好地掌握客户的需求，只是机器化的栏目设置。

对于在线的客户导航，网站功能不健全。而对于在线的服务办理，则能够自由利用文件表格，并自动上交上传的电子材料和文件表格。对于客户回馈信息途径，可供利用的途径主要有热线电话和电子商务邮件，网站设计的回馈栏目起了很大的作用。

对于客户咨询与投诉检举，网站页面有咨询邮箱、投诉信箱和领导邮箱这些途径。而客户基本上能够在十个工作日内得到咨询问题的响应。网站虽没有设计在线客服，但可以通过相关的方式接收客户的问题，提出问题的进度暂时不能告知客户。

对于在线给客户的回复，网站并没有设立在线的人工回复或者专家咨询，也没有专门的讨论组或者留言公示专区。网站虽然专门设立了招收投资的栏目但是不够全面、具体。政府人社局采购方面，有设置，但是内容不够全面。

表 3 - 4　专家访谈内容整理 2

根据专家 2 谈话内容整理

总的来说，从网站建设技术方面来看，水平并不高。网站的问题主要有：网页的运行不流畅，信息文件浏览较慢，等待打开网页的时间通常较长，对其他网站的链接质量不高，链接的网页常常不能访问或速度较慢。

网站的设计不够标准，主要问题有：网站栏目、信息的不够全面，并且各个部分的承包方不同。

正因为没有鲜明个性，没有实质内容，页面专业美观的网站数量很少，网站的页面栏目设计和色彩运用没有显现出专业水平，更没有结合当地情况为当地增加吸引力。通常情况是，主页还算建设得较好，其他的页面却是杂乱无章的，客户会认为网站空有一个整洁的外壳，而内容都是糟粕。如今建设城市的工程，需要注重质量，不能因为求快而盲目滥建，这对于网站也是同样的道理，宁可精雕细琢一劳永逸，也不要为以后的工作留下隐患。

续表

根据专家 2 谈话内容整理

　　根据你的具体问题，网站的合理性方面还是有的，例如：网站在设计结构时，首页和页面栏目的规划显示了该网站的主要服务和包含的内容范围，使用者能够一眼认清网站不同栏目所具有的不同内容。对于建设网站全面系统的内容和服务，网站的工作人员清楚全面地摸清网站的功能和服务的基本范畴，从而把本网站的内容和服务不遗漏地输入在线网站，并能根据具体情况规范、完善网站的主页和相关页面的栏目。对于网站栏目和站内频道的设计，客户认为页面栏目的分类较为合理清楚，让人一目了然，尤其是网站首页上的栏目分类和分级十分科学，网站的服务范围和主要内容都得以体现，客户只需要浏览短暂的时间便能了解网站的主要服务和主要的内容。而网站对客户提供的导航比较智慧，具有网站导引，可包含的内容不全面。网站进行导引的描述客观且易于操作，客户能轻易掌握。但网站对于外部的链接不够完善，虽然具有较为完备的相关重要网站链接，可准确性不是 100%，大概有 20% 的谬误。

　　而对于网站的内容设计方面，网站显示的分级主要有首页、频道页、各级栏目页、正文页面、专题页面等网站标准页面分类。而网站的层级分配合适度最低为，从网站首页浏览到最基本的页面，最多经过六次页面链接。对于网站的页面设计，全部的页面设计风格一致，色调布局和谐呼应。而对于网站的显示效果，首先是在站内的标识效果协调一致，其次是在其他的层级页面上都显示着一致的网站独有标识图案和网站特色文字。并且网站每个页面的色调和主页的颜色较为和谐。网页页面的尺寸普遍是 150～200K 之间。在运用多媒体技术时，较为合理地应用了网络技术的不同呈现手段，为客户合理地呈现了相当多的多媒体技术形式，在页面上呈现方式不能改动。

　　而在网站设计标识总体时，需要具备几个重要的元素：中文名称、英语域名、域名、网站 LOGO 和网站宣传语，至少具备四个。其中网站的中文名字要抓住网站的服务特性，突出特点。而英文域名要紧扣中文名称，抓住网站性质。网站的 logo 需要和标识系统相协调，突出网站的特点。网站的宣传语要从整体上反映网站的特色，符合网站的服务内容，并且放在网站首页的关键位置。而域名需要是独立且唯一的，基本上以 gov. cn 结尾。而关于网站的网页浏览速度，大多数为每页五秒或以下。

表 3 - 5　专家访谈内容整理 3

根据专家 3 谈话内容整理

　　整体质量不高。按照问题清单中的 15 个问题，我认为该网站仅仅是符合了基本的要求。网站在提供内容、设计栏目的方面，所支持的技术水准不高，并且网站上的内容质量参差不齐，部分内容甚至不合理，可以感觉到有水平不同的多个人在维护该网站，有的水平很高，有的十分低。

　　服务性不强，作为人社局的面子工程，该网站这个问题比较明显。该网站无论是在线服务或是和客户的交流方面，做得都不是很好，不能及时有效地为客户提供服务。有时为客户提供的服务不起作用，为客户带来真正意义上的作用或是站在客户的角度出谋划策，这种情况很少见，主要问题有以下几个：在线能提供的服务种类不多，服务技术薄弱，只能解决一些小问题，不能从根本上解决客户的问题，在解决问题时需要分多个步骤。

　　网站上的有效信息不多，信息的更新换代较慢，主要问题在于：网站内实用的信息远远少于表面上的宣传标语，网站内的信息多为转载而非原创，并且信息的生动性不够。这种情况在政府官方网站上出现得多，主要是没有具体框架，不能在短时间内被大众所理解，信息也没有实时生效。并且在网站上的信息大部分只是基础常识或是新闻内容，并没有经过加工处理，失去了信息的传播影响功能，最为关键的是网站在与客户咨询交流方面没有任何深层技术的支持，交流互动也是少见的。

续表

根据专家 3 谈话内容整理

在利用信息的效率方面，官方网站在"政务公开"栏目，不仅划入公开栏目应有的内容，还把更新的许多新闻内容、国家方针政策划入这一块，因此许多的浏览者不能从网页上分辨政务公开的具体官方内容。这种不实用不科学的信息分类误导了客户，拉低了网站在客户心中的形象。因此对于国家发布的关键政策，网站需要开辟一个栏目或者网页，让用户有处可寻。关于网站发布的社会热点新闻，往往也是输入过多内容，忽略了客户的重点，这是网站的信息组织不科学造成的。并且某些过时的信息没能删除，占据了网页位置。某些信息是人们在社会生活中常常涉及的，例如人事信息等等，却设计在"热点"的"栏目"中，不能让客户很容易地找到，分类不合理。在网站中，信息类的内容大多在左边，能够一一了解，这些内容中也存在着信息处理不恰当不合理的情况。网页上"公共参与"和"在线咨询"等部分也有其他的问题，例如内容只是没有价值的赘述，大多数是描述性信息，没有加入观点，客户不能很好利用。大多数客户不知道"公共参与"和"在线咨询"的异同。本人觉得，有必要把政务公开里的内容再加工，科学地分类，关键是把客户的意见纳入考虑。每日的新闻和政府公告需要另辟一个栏目。对某些政府官方指导性的公告需要进行加工，使之便于理解，使得客户在短暂浏览之间就能理解，找到需要的栏目所在。栏目的名字要简明扼要，功能不同的栏目要明显地加入不同的标识。

网站提供的检索功能不强，至少不能多功能检索，检索的结果也不够准确。并且网站检索框设计得不够明显，客户不能很方便地找到，检索框也不够简洁。高级检索的要求是把网站整体设计风格和检索接口、功能相协调，关键是检索结果真实准确，符合客户要求。

表 3 - 6 专家访谈内容整理 4

根据专家 4 谈话要点总结

在网站内容的系统性上，该网站所能提供的信息和所设栏目往往不能满足客户、企业、政府人社局的需求。并且栏目的设计上存在着显著的不足。虽然有官方人社局公报栏目，但具体内容不完整，包含大部分政府公开规章、规范性文档。没有政府人社局重要信息通告，且内容有较多缺项。政府人社局机构设置与职责及调整有这种类型的相关信息，如官方人社部门的人力资源调动以及人员任免，加上政府整体的人社部门领头人的简历、职责和工作岗位、政府工作人员的选择上岗、过程以及最终结果。网站提供在线资源如相关文件表格的浏览下载，可总体比线下所接受的工作面小得多。并且在网站简介和信息思路方面没有做到详尽真实。虽然根据当地的工作状况该网站专门设计了栏目，发表了信息，但是特色介绍不够清楚，基本信息量不足。网站内容没有进行实时更新，已经过期无用的信息仍然在网上占据位置，网站栏目内容基本完整。具体内容表述欠准确，未隐藏省略任何信息。在网站的内容趣味性上，多媒体技术用得不多。而在搜索信息上，网站具备历史信息库和信息检索功能，具备站内信息全文检索。

网站的结构设计方面，首页和频道设置经过反复查看可以比较清晰地分辨出频道所属的栏目。网站工作人员参考对应机构的主要特点，紧扣关键经营范围，输入该机构的小部分工作内容，不将全部或者部分的关键信息输入网站，因此网站的信息和工作栏目并不是全能系统的。

分级较为科学，层次较清晰。多次使用的使用者可以分辨网站重点内容。有网站地图可供查询，但不够详尽。

网站表现具体有首页、栏目页面、频道页面、正文页面、专题页面等分层级的形式。从网站首页转到一个基本页面，最多经过六个页面链接。多个不同页面的色调和栏目分配规划风格协调统一。未提供多媒体形式。

表 3－7　专家访谈内容整理 5

根据专家 5 谈话内容整理

如果要谈具体评价，我想从以下几个方面谈一下。

中文名称、英语域名、域名、网站 LOGO 和网站宣传语，至少具备四个。其中网站的中文名字要抓住网站的服务特性，突出特点。而英文域名要紧扣中文名称，抓住网站性质。网站的 logo 需要和标识系统相协调，突出网站的特点。网站的宣传语要从整体上反映网站的特色，符合网站的服务内容，并且放在网站首页的关键位置。而域名需要是独立且唯一的，基本上以 gov. cn 结尾。而关于网站的网页浏览速度，大多数的速度为每页五秒或以下；在网站内容中选用另外的网站信息，却不能提供较为完好有用的链接。多语种支持方面，没有多语种的支持。至于在网站搜索或者评估即时定位时，也就是业务导航，常常带给客户的印象是有点僵硬死板，不够灵活。在线服务的用户指南方面有缺陷。

至于在线服务的质量，网站能够下载电子文件和表格，上传任意的电子文件或书面材料。而在客户回馈方面，提供用户回馈的电子邮件、电话。网站的用户回馈栏目位置不容易引起注意。问题咨询、投诉和举报方面，客户并没有在咨询问题的后十个工作日里得到有关问题的响应。网站虽不能给出具体的解决办法，却提供给客户解决问题的途径和电话联系方式。客户在咨询问题后并不能知晓问题的解决状态。在线上服务时，网站不设在线咨询人员，也没有邀请专家解决问题。在与客户互动方面，网站没有设计客户群的讨论组或者留言板块。

虽然政府官方网站仍存在许多问题，但我们应当对未来的建设充满信心，目前国内的建设气氛良好，政府把建设门户网站看作重点建设项目，官方对此提出了要求，民众也有需求，因此有了建设的双重动力。在如此火热的建设形势下，工作人员要注意把重心放在几个关键环节，抓紧建设的重要部分以求项目建设的最高效率。任何政府门户网络平台的建设都牵扯到以下的几个方面：第一是平台建设，第二是信息输入，第三是利用平台沟通办公。这三者相辅相成，呈三足鼎立之势，三者运营良好对政府门户网站的形象有很大益处。从力学方面来看，三角形是最稳当的，这也可以推广到政府门户网站之中。扎扎实实运行好这三个环节，网站的建设才能稳扎稳打，不断革新进步。

在线咨询功能方面，在"用户"页面，不能找到在线咨询的功能，要进行在线咨询还得要去专门的"服务项目"页面。在线咨询在"政府"的页面里也会出现，却被融进了"公众参与"这一栏目。通常来说，广大民众十分需要进行在线咨询，但网站的设计没有满足民众需求。

在查询提问的回复时或者涉及其他使用者的问题，客户不能找到相应栏目。在本人看来，民众迫切需要的栏目一定要放在显眼的位置，不能与其他项目混合。例如咨询的功能可设在"市民"这一栏目，为民众进行在线咨询提供便利并且能让客户看到以往相似的问题解决方法。

网站在与民众交流的功能方面，主要是在首页设计了公共交流的栏目，收入在线的讨论、交流、咨询、投入等内容。客户能在这一栏目中看到一些有关的邮件回馈，却不能看到栏目的功能列表，也没有一个明显的栏目链接到这些功能区。并且，网站的咨询功能和投诉功能是掺在一起的，不利于客户使用。同时，网站把咨询和投诉放入"民众交流"频道里，"民众交流"比较书面化，客户可能猜不到会有什么内容。并且"民众交流"和"公众参与"两个名词字面意思相差不大。本人觉得导航的关键词应做修改，重新提取特点。去除民众参与的部分字词，清晰列出相关内容，客户能够一目了然。例如将"访谈""投诉""咨询""信息交流"等功能直接做成链接，放在显眼的页面，客户能直接使用。并且把客户常用的咨询、投诉功能放在首页。处理专业名词时尽量给予解释。在客户互动页面，设置使用者的注册会员制，说明客户注册登录账户。

表 3 – 8　专家访谈内容整理 6

根据专家 6 谈话内容整理

　　你的问题可以分为这么几类，我分开来回答：第一步先是找出并罗列使用中的问题，第二步分析问题成因并提出解决对策。经过仔细阅读，我觉得有几个关键的实用性问题需要提出：

　　最关键的问题在于登录的页面，登录首页有几个选择，分别是"网通一""网通二""网通三"，可由于转换太快，页面会自动跳转到"政府页"。并且在登录页的右下角虽然有"政府""市民""企业"的链接功能，但由于位置不显眼，访问量很少。由于客户不进行操作，网页在很短的时间内便会转换到其他页面。应该修改设置，让客户自主选择。去掉烦琐的不常用的信息，例如"网通一""网通二"，把"政府""市民""企业"等链接的功能放在显眼位置，让客户便于利用。

　　第二个问题是网页的接口设计过长，整个页面篇幅过大，如果客户的屏幕尺寸不一，那么非常可能不会看到页面的要点，或者全部看到文字和杂乱的栏目。当过多份的文字呈现在客户眼前，客户的阅读量便会超载。本人觉得，如果网站页面过长，需要客户不停地翻阅，那么很可能对客户的记忆产生干扰，前后的信息链接不起来。因此网站应重新组织信息，把关键的信息整合到首页，其余的信息可通过链接关联。客户的目的是通过浏览网站找到需要的信息，不是欣赏美文，过多过长的文字可能会使他们疲倦厌烦，干扰他们找到问题的速度，并且过多修饰的图片也会使关键的信息"隐身"起来。因此网站应当分清信息的主要次要位置，不应一次性把所有信息堆砌在首页，而是科学地分清层次。

　　第三个问题是信息的利用效率，因为网站的导引条目不够显眼，所以使得第三级的栏目功能链接很难找。并且如果点击了上一级导航的链接，出现的页面有时会不一样，链接的功能不稳定。栏目上的"民众交流、行风热线"等名称过于笼统，不易理解。收入在"公众参与"栏目里的功能种类反而让民众觉得它们不应该分在"公众参与"这个栏目里。因而客户找到他们需要的功能通常要费一番功夫。有时网站上的图片与办事功能的绑定图片很相似，容易误导用户进行点击。在我看来，在第二级导航链接入第三级时，应该在网站标识上做一些添加，例如对下一级导航增加色度，并且减少导引的数目，对信息的条目进行管理分类。有时在用户点击"公众参与""网上办事"栏目时出现的页面不同，点击"公众参与"时出现一个新窗口，点击"网上办事"则会跳转到"网上办事"频道。这样可能会误导用户关闭窗口，所以网站应该使同一级导航格式一致。并且修正导航语言，让客户容易理解。网站设计的形式应该依据客户的需求调整，首页的导引应当简洁大方。例如在客户的一般理解里，在线的信息和投诉都应当归类于"市民服务"，可事实上却是在"公众交流"里，这种情况使客户的思维十分混乱，降低服务效率。因此，对这种不够简明扼要的导引进行改革是必要的。

二　专家访谈指标提炼

（一）通过专家的访谈进行指标提炼

　　通过对专家进行访谈，可以看出，专家对服务型人社局网站的评估主要集中在把人社局机构的角色定义为服务者，其目标是将优质的服务提供给公众。构建该网站的方向与目标是实现服务型的人社局，也就是说围绕着公众，为其进行优质、便捷服务的提供，其中服务是网站构建的核心内容。通过长时间的发展与完善，该网站已然实现功能架构的大致构建，也就是所谓的信息公开、互动交流和在线办理。所以，应以关乎人社局网站发展的两个维度为重心构建相适应的评价指标体系，此处所提到的两个维度所指的是，发展水平和服务功能（见表3-9）。

表 3-9　人社局网站发展阶段理论

服务功能 发展水平	信息公开	互动交流	在线办理
初级水平	实现基本功能的构建，使其具有信息上网与发布信息等最基本的效用	进行信箱的构建，使网站具有互动交流的功能，实现双向流通的信息管道的开设	以传统的人社局的线下业务模式为参照，实现部分服务的网络化，有力地支撑线下业务的开展
中级水平	网站在发布信息方面的时效性得以提升，推动服务的普及，借助信息公开目录的编制，规范人力资源局发布信息的程序，进而实现细致化、周到化的服务	实现被动交流向主动沟通的转变，广泛汲取民众的意见，将监督权交由民众来实行，获取回馈信息，从而实现民主水平的提升，使人力资源局所具有的服务于民的定位得以强化	使人社局的行政审批与其他服务的申报、办理、完成能够在网上进行，使作为人力资源局服务资源的电子政府真正为民所用
高级水平	以现有的成熟平台为基础，通过多种渠道的结合，为整个社会乃至农村地区提供安全、便捷的信息服务，降低信息不对称性，使和谐社会得以实现	利用高效且通畅的互动交流渠道，加大广大民众参与力度，增加民众与人力资源局的沟通与交流，以此来推动和谐社会的构建	依托网上办事的功能，整合人社局所具有的相关职能，达到协同办公的目的，从而使得办事流程得以有效地优化，使其服务水平与运行效率得到本质上的提升，借助信息技术的发展，显著地实现服务能力的提升

人社局网站进一步实现对自身所具有的功能的深化，纵向性地实现了指标的逐步细化。就各细化指标而言，以人社局网站发展阶段理论为依据，可以将其用初级、中级、高级三层指标进行划分。初级指标是以所具有的信息上网等最基本功能为关注的，中级指标则关注在上述功能得以实现的条件下进行服务功能的提供，高级指标所关注的重点是以网络为基础所提供的相关的服务。采用此种方式进行区分，便于我们对当前的网站发展进行更为深入的分析，同时便于更为具体地对评价结果进行分析。本研究进行了初级、中级、高级将近60个指标的划分，深入细致地对人社局网站所涉及的各个方面的发展内容进行了考察（见表3-10、表3-11）。

表 3 – 10 人社局网站评价指标体系的逻辑层次

人社局信息公开	在线办事服务	公众交流互动	网站建设维护	软件自动测评
人社局主动公开	办事服务指南	领导信箱	基本设计	网站速度
依申请公开	业务咨询	民主监督	导航搜索	网站健康指数
规范与监督	申报审批	交流论坛	安全隐私	
	部门协同	参与管理	网站维护	
			相关链接	

每个二级指标下设 53 个三级指标,按照实现的难度和对应的水平分为初级,中级,高级三个层级,其中初级指标 18 个,中级指标 20 个,高级指标 15 个。

表 3 – 11 人社局网站分级指标一览

指标级别	对应三级指标
初级指标	概况信息、机构设置、政策法规、新闻信息、程序与要求、规章制度、服务指南要素、电话、邮件等咨询、人社局主要领导信箱、在线调查、网站地图、站内导航、安全条款、相关链接、首页响应时间、平均响应时间、平均打开时间、平均下载速度
中级指标	公告公示、栏目建设、目录与指南、服务指南分类、表格下载、在线申报、受理统计、相关链接、网上监督(或网上信访)、在线访谈、网上听证、意见征询、文字版本、使用说明、布局编排、站内搜索、安全措施、维护单位及联系方式、错误链接率、网页冗余率和有效信息率
高级指标	百姓切身相关信息、在线受理与回馈、监督和保障、人性化导航服务、在线及移动咨询、业务咨询回馈质量、在线审批、进度查询、联合审批、领导信箱回馈质量、民主监督回馈质量、网上论坛、平台扩展、定制功能、隐私保护

以国内外相关的人社局网站评价所采取的理论与实践方法及获得的成果为参照,以上文提到的设计理念与构建原则为依据,进行评价指标体系的构建(见表 3 – 12)。

表 3 – 12 人社局网站评价指标体系

一级指标	二级指标	三级指标
人力资源和社会保障局信息公开	人力资源和社会保障局主动公开	公告公示
		新闻信息
		概况信息
		政策法规
		百姓切身相关信息
		机构设置

续表

一级指标	二级指标	三级指标
人力资源和 社会保障局信息公开	依申请公开	在线受理和回馈
		要求和程序
		栏目建设
	规范与监督	保障与监督
		指南和目录
		规章制度
在线办事服务	办事服务指南	人性化导航服务
		服务指南分类
		服务指南要素
	业务咨询	业务咨询回馈质量
		邮件与电话咨询
		移动与在线咨询
	申报审批	进度查询
		在线审批
		受理统计
		在线申报
		表格下载
	部门协同	联合审批
		相关链接
公众交流互动	领导信箱	领导信箱回馈质量
		人社局主要领导信箱
	民主监督	民主监督回馈质量
		网上监督（或网上信访）
		在线调查
	交流论坛	网上论坛
		在线访谈
	参与管理	意见征询
		网上听证
网站建设维护	基本设计	布局编排
		平台扩展
		使用帮助
		定制功能

续表

一级指标	二级指标	三级指标
网站建设维护	基本设计	文字版本
	导航搜索	站外导航
		站内搜索
		网站地图
	安全隐私	隐私保护
		安全措施
		安全条款
	网站维护	维护单位及联系方式
	相关链接	相关链接
软件自动测评	网站速度	平均下载速度
		平均打开时间
		平均响应时间
		首页响应时间
	网站健康指数	错误链接率
		网页冗余率和有效信息率

（二）访谈总结

根据与专业人士的深度访谈以及专家的问卷题项信息的参与回馈，本研究在获得第一手资料的基础上，理顺了研究的整体顺序，特别是通过深度访谈以及与中高层的互动，进一步厘清了公众对政府网站的期望。作为本书选择的研究对象，政府网站在实际运行过程中能够长久发展，不仅得益于政府重视网站建设，更得益于公众能够参与提供宝贵的意见。政府网站 G2C 的建设与公民满意度之间存在深层次的互动关系，公民提出的宝贵的意见与监督能促进政府网站更好地建设，让公民更快捷方便地办好自己的事情。作为政府网站 G2C 建设要比企业网站建设复杂得多，如何建设好人力资源和社会保障局政府网站 G2C，成为其为公民服务的基本考虑。本章中的人力资源和社会保障局所表现的能力通过访谈获得展示，反映了本研究选题的正确性，以及所确定问题的准确性，为本研究的进一步发展奠定了坚实的基础。

三　评价指标体系权重的确定

（一）层次分析法介绍

层次分析法简称 AHP 法，它是一种将定性和定量相结合的、系统性的、层次性的分析方法。它的应用较为广泛，遍及军事指挥、运输、教育、医疗等领域（王艳辉、徐歌、郭亚军，2016）。层次分析法的具体应用操作思路如下。

第一，建立层次结构模型。将与被评价目标有关的各个因素按照一定的属性关系分解成若干层次。第一层为总目标层，通常只有一个因素，由被评价对象构成；第二层为准则层，当准则层过多时，可以分解出子准则层；最后一层为指标层（王艳辉等，2016）。

第二，构造判断矩阵。通过使用 1～9 标度法，分别构造准则层相对目标层、指标层相对准则层的构造判断矩阵（王艳辉等，2016）。

第三，对准则层相对于目标层、指标层相对于准则层所构造判断矩阵分别计算得出的权重向量进行一致性检验。首先，对判断矩阵所有的特征的最大值进行计算；其次，通过查表所获取的一致性指标计算出一致性比率，进而进行一致性检验，如果一致性检验合格，则表示实现了合理的权重分配；反之，则需要对判断矩阵进行重新架设（王艳辉等，2016）。

（二）专家 AHP 指标分析

（1）建立递阶层次结构模型

本研究以本文所论述的人社局网站评价为参照，以前文所构设的评价指标体系为依据，进行递阶层次结构模型的架设。其中，综合地对网站发展水平进行评价是其目标层，而准则层所指的则是其所涵盖的在线办事服务、网站建设维护、人力资源和社会保障局信息公开、软件自动测评与公众交流互动这 5 个一级指标。剩余组成部分是指标层与子指标层，其涉及 18 个二级指标与 53 个三级指标。

（2）判断矩阵的构设

将上一层指标 A1 假定为准则层，其具有支配指标 B1、指标 B2、指标

B3 的权利，那么依照其重要性的对比在准则层 A1 的范围内合理地进行上述三个指标的权重赋予。就其所具有的重要作用而言，需要借助专家的经验对其权重进行判断。层次分析法是以两两相比较的方法进行的，也就是在准则 A_m 的框架内，对 B_i 和 B_j 的重要程度进行比较，并具体分析其重要性。为了使判断定量化，一般采用 1~9 标度法。记 d_{ij} 为 B_i 比 B_j 的重要性等级。

为了对所有评价指针因素的元素进行分析，所进行的计算需要涉及全部元素的重要程度，本文通过比较判别矩阵的使用进行了如下表示：

$$A(a_{ij})_{n \times n}, (i, j = 1, 2, \ldots, n)$$
$$a_{ij} = \frac{W_i}{W_j}(i, j = 1, 2, \ldots, n)$$

(1)

可知，其存在以下关系：

$$a_{ij} = \frac{1}{a_{ji}}$$
$$\sum_{i=1}^{n} a_{ij} = 1(i, j = 1, 2, \ldots, n)$$

(2)

要实现对所有因素所涉及判定尺度的值的求解，需要从重要性层面对要素进行度量，就判断矩阵而言，其通常采用对 a_{ij} 的判断尺度区分为 9 个级别，其中：1 级所指的是两因素的重要性相等同，3 级所指的是两者相比较，有一因素的重要性要稍微超出，5 级所指的是两者相比较，有一因素的重要性要明显超出 7 级所指的是两者相比较，有一因素的重要性要强烈超出，9 级所指的是两者相比较，有一因素的重要性要极端超出。通过对事件所涉及的各元素层级关系的借助，以此计算所有元素的优先级与权重，并将其作为比较指标因素之间的重要程度的资料，具体可以按照下述方式实施。

表 3–13　重要性等级及其赋值

重要性标度（$x_i x_j$）	说明
1	指标 x_i 与指标 x_j 相比，两者重要性相同
3	指标 x_i 与指标 x_j 相比，前者指标比后者指标稍微重要
5	指标 x_i 与指标 x_j 相比，前者指标比后者指标明显重要
7	指标 x_i 与指标 x_j 相比，前者指标比后者指标强烈重要

续表

重要性标度（$x_i x_j$）	说明
9	指标 x_i 与指标 x_j 相比，前者指标比后者指标极端重要
2、4、6、8	对应以上相邻判断的中间程度

资料来源：焦树锋，《AHP 法中平均随机一次性指针的算法及 MATLAB 实现》，2006。

　　如果专家以准则 A1 为范围，判断指标 B1、B2、B3 之间的重要性程度，并进行如下判断矩阵的构建。

表 3 – 14　判断矩阵

A1	B1	B2	B3
B1	1	7	3
B2	1/7	1	1/6
B3	1/3	6	1

（3）权重计算

（a）对矩阵中行向量的积进行计算：

$$M_i = \prod_{j=1}^{n} b_{ij}, i = 1, 2, \ldots, n \qquad (3)$$

（b）进行 M_i 的 n 次方根求解：

$$\overline{W_i} = \sqrt[n]{M_i}, n = 13 \qquad (4)$$

（c）正规化向量 $\overline{W_i} = \left[\overline{W_1}, \overline{W_2}, \ldots, \overline{W_n}\right]^T$：

$$W_i = \frac{\overline{W_i}}{\sum_{j=1}^{n} W_j} \qquad (5)$$

得出 $W_i = \left[W_1, W_2, \ldots, W_n\right]^T$ 为所获取的特征向量，即所谓的权重向量。

（d）进行矩阵的最大特征根的求解：

$$\lambda_{max} = \sum_{i=1}^{n} \frac{(AW)_i}{nW_i} \qquad (6)$$

　　在确定所涉及的全部参数的权重时，其判断需要以指标的重要性为参照，并与专家所给出的建议相结合，设定专家评价指标的权重，并平均不同专家针对同一指标所给出的权重，进而获取权重的最终值。本文通过专家调查问卷的方式向部分专家进行了问询，在梳理回馈信息后，得出对比情况下评价指标的不同重要性。

（4）判断矩阵的一致性检验和误差分析

进行元素最大特征根的一次性检验：

$$CI = \frac{\lambda_{\max} - n}{n - 1}$$
$$CR = \frac{CI}{RI} \tag{7}$$

将 CR 的阈值设定为 0.1，当 $CR < 0.1$ 时，则可以理解为矩阵所有元素具有相一致的满意度，反之，则需要重新考察表中的数值。

（5）组合权重计算

如果需要采取单因素评价的方式对每个评价指标因素评价，就需要计算所有指标的等级比重，并以此为基础进行模糊矩阵的方式的构建，即

$$\tilde{R} = \begin{pmatrix} \tilde{R}_1 \\ \tilde{R}_2 \\ \cdots \\ \tilde{R}_n \end{pmatrix} = \begin{pmatrix} r_{11} & \cdots & r_{1m} \\ \cdots & \cdots & \cdots \\ r_{n1} & \cdots & r_{nm} \end{pmatrix} \tag{8}$$

其中：

$$r_{ij} = u_k(u_i, v_j), 0 \leq r_{ij} \leq 1 \text{ 且 } \sum_{j=1}^{5} r_{ij} = 1 (i = 1, 2, \ldots, m) \tag{9}$$

在确定评价指标的权重与隶属度之后，需要采取模糊操作数方式对指标体系进行分析，并以上下两层指标评价向量为参照对其进行综合评价，进而实现模糊合成，也就是确定模糊操作数。

就模糊操作数而言，其计算通常采用的方法有三种，也就是所谓的加权平均模型、主因素突出模型与主因素决定模型。就网站评价指标因素而言，其分析过程较为繁杂，需要采取综合的方式对多种因素进行分析，需要考虑因素所具有的特点，所以无法采取单独评价的方式确定主因素，而是需要全面地研究分析多个因素，所以本文选取加权平均模型进行模糊操

作数演算：

$$M(\cdot, +), b_j = \sum_{i=1}^{n} a_i r_{ij}, (j = 1, 2, \ldots, m) \quad (10)$$

依照各评价指标因素指标的权重，可以对模糊操作数进行矩阵运算，为了实现综合地分析所有的因素，并与模糊合成后单因素的等级关系与各因素权重相结合，需要保留全部的单因素信息，所以只需要采用归一性的方式对 a_i 与 r_{ij} 进行处理就可以，不需要进行多余限制条件的添加。

综合评判矩阵 $\tilde{B}$ 是由评价矩阵 $\tilde{R}$ 与因素权重矩阵 $\tilde{A}$ 进行相乘后获取的，此外还需要与加权平均模糊操作数相结合，在计算矩阵乘积时仅需要计算行矩阵的乘积就可以：

$$\tilde{B} = \tilde{A} \circ \tilde{R} = (a_1, a_2, \ldots, a_n) \circ \begin{pmatrix} r_{11} & \cdots & r_{1m} \\ \cdots & \cdots & \cdots \\ r_{n1} & \cdots & r_{nm} \end{pmatrix} = (b_1, b_2, \ldots, b_n) \quad (11)$$

概述上文，综合评价所指的是由评价对象确定、评价指标构建、各指标权重系数的计算、综合评价模型的建构、排序综合评价等多个步骤共同实现的过程。与数学模型相结合，因为评价结果存在一定的传递性，所以可以以当前层的因素模糊评价为基准进行下一层的评价，进而能够综合评价所有层次的因素。

四 AHP 指标权重计算

表 3 – 15 某市人社局指标

序号	目标层	一级指标	二级指标	三级指标
1			C_1 人力资源和 社会保障局主动公开	D_1 概况信息
2				D_{12} 公告公示
3	A…的评价	B_1 人力资源和 社会保障局信息公开		D_{13} 机构设置
4			C_2 依申请公开	D_{14} 新闻信息
5				D_{15} 政策法规
6				D_{16} 百姓切身相关信息

续表

序号	目标层	一级指标	二级指标	三级指标
7			C_2 依申请公开	D_{21} 栏目建设
8				D_{22} 程序与要求
9		B_1 人力资源和 社会保障局信息公开		D_{23} 在线受理与回馈
10			C_3 规范与监督	D_{31} 规章制度
11				D_{32} 目录与指南
12				D_{33} 监督和保障
13				D_{41} 服务指南分类
14			C_4 办事服务指南	D_{42} 人性化导航服务
15				D_{43} 服务指南要素
16				D_{51} 邮件与电话咨询
17			C_5 业务咨询	D_{52} 移动与在线咨询
18				D_{53} 业务咨询回馈质量
19		B_2 在线办事服务		D_{61} 表格下载
20				D_{62} 在线申报
21	A…的评价		C_6 申报审批	D_{63} 受理统计
22				D_{64} 在线审批
23				D_{65} 进度查询
24			C_7 部门协同	D_{71} 相关链接
25				D_{72} 联合审批
26			C_8 领导信箱	D_{81} 人社局主要领导信箱
27				D_{82} 领导信箱回馈质量
28				D_{91} 在线调查
29			C_9 民主监督	D_{92} 网上监督（或网上信访）
30		B_3 公众交流互动		D_{93} 民主监督回馈质量
31			C_{10} 交流论坛	D_{101} 在线访谈
32				D_{102} 网上论坛
33			C_{11} 参与管理	D_{111} 网上听证
34				D_{112} 意见征询
35				D_{121} 文字版本
36		B_4 网站建设维护	C_{12} 基本设计	D_{122} 使用帮助
37				D_{123} 定制功能
38				D_{124} 平台拓展

续表

序号	目标层	一级指标	二级指标	三级指标
39			C$_{12}$ 基本设计	D$_{125}$ 布局编排
40				D$_{131}$ 站内搜索
41			C$_{13}$ 导航搜索	D$_{132}$ 网站地图
42				D$_{133}$ 站外导航
43		B$_4$ 网站建设维护		D$_{141}$ 安全措施
44			C$_{14}$ 安全隐私	D$_{142}$ 安全条款
45	A…的评价			D$_{143}$ 隐私保护
46			C$_{15}$ 网站维护	D$_{151}$ 维护单位及联系方式
47			C$_{16}$ 相关链接	D$_{161}$ 相关链接
48				D$_{171}$ 首页响应时间
49			C$_{17}$ 网站速度	D$_{172}$ 平均响应时间
50		B$_5$ 软件自动测评		D$_{173}$ 平均打开时间
51				D$_{174}$ 平均下载速度
52			C$_{18}$ 网站健康指数	D$_{181}$ 错误链接率
53				D$_{182}$ 网页冗余率和有效信息率

（一）一级指标对总目标层的权重计算

当各指标的重要性标度矩阵完成构建之后，按照一致性检验的相关计算公式可就其一致性问题予以判断：

$$CR = \frac{\lambda - n}{(n-1)RI} \tag{12}$$

其中，λ 为判断矩阵的最大特征值，n 为被评价对象个数，RI 为平均随机的一致性指标，通过查表可知。一般情况下，若一致性比率 $CR \leqslant 0.1$，代表此判定矩阵一致性检验通过，反之则说明该判断矩阵需重新构建。

表 3-16　平均随机一致性指标 RI 值

m	2	3	4	5	6	7	8
RI	0	0.5149	0.8931	1.1185	1.2494	1.3450	1.4200

具体计算过程如下。

设：a_{ij} 为判断矩阵的重要性标度，即第 j 个指标相对于第 i 个指标的重要性标度，计算步骤如下：

将判断矩阵各列进行归一化处理，根据归一化公式（焦树锋，2006）：

$$b_{ij} = \frac{a_{ij}}{\sum_{k=1}^{n} a_{kj}} \qquad (13)$$

将式（2）所得矩阵按行相加，根据公式得（焦树锋，2006）：

$$b_i = \sum_{j=1}^{n} b_{ij} \qquad (14)$$

对 $b_i = (b_1, b_2, \cdots, b_n)^T$ 进行列归一化处理，根据列归一化公式（焦树锋，2006）：

$$u_k = \frac{b_k}{\sum_{i=1}^{n} b_i} \qquad (15)$$

所得 $U = (U_1, U_2, \cdots, U_n)^T$ 即为指标权重向量，其中为第 k 个指标在该准则层内所占权重。

（二）二级指标层对一级指标层的权重计算

同上述计算方法一样，得到一级指标层的权重。

五　AHP 实证部分

（一）一级指标对总目标层权重计算

表 3 - 17　一级指标层判断矩阵及权重

序号（1）	（2）	（3）	（4）	（5）	（6）	（7）	（8）
1	A	B_1	B_2	B_3	B_4	B_5	权重 $U^{(j)}$
2	B_1	1.00	2.00	3.00	2.00	3.00	0.37
3	B_2	0.50	1.00	1.00	2.00	2.00	0.21
4	B_3	0.33	1.00	1.00	2.00	2.00	0.19
5	B_4	0.50	0.50	0.50	1.00	1.00	0.12
6	B_5	0.33	0.50	0.50	1.00	1.00	0.11

以一级指针对总目标层权重计算方法为例，通过对数据处理以及公式（2）、（3）和（4）对以上判断矩阵进行计算得出：

$$U^{(j)} = (0.37, 0.21, 0.19, 0.12, 0.11) \qquad (16)$$

通过计算可得 $\lambda_{max} = 5.11$；其随机一致性指标 $RI = 1.1185$ $CR = \dfrac{5.11-5}{(5-1)\,1.1185} = 0.02 < 0.1$，即一致性检验通过，则表明权重分配合理。

（二）二级指标对一级指标权重计算

专家对五个一级指标层下各个二级指标的重要性程度进行确定。与表 3 - 17 同理，构造判断矩阵，判断矩阵一致性检验通过，得到各一级指标层下二级指标的权重，如表 3 - 18 第 9 列所示。

表 3 - 18　二级指标层对一级指标层判断矩阵及权重

（1）序号	（2）	（3）	（4）	（5）	（6）	（7）	（8）	（9）
1		B_1	C_1	C_2	C_3	–	–	权重 U_p
2	B_1	C_1	1.00	2.00	2.00	–	–	0.49
3		C_2	0.50	1.00	2.00	–	–	0.31
4		C_3	0.50	0.50	1.00	–	–	0.20
5		B_2	C_4	C_5	C_6	C_7	–	权重 U_p
6		C_4	1.00	3.00	2.00	2.00	–	0.42
7	B_2	C_5	0.33	1.00	0.50	1.00	–	0.14
8		C_6	0.50	2.00	1.00	2.00	–	0.27
9		C_7	0.50	1.00	0.50	1.00	–	0.16
10		B_3	C_8	C_9	C_{10}	C_{11}	–	权重 U_p
11		C_8	1.00	1.00	1.00	2.00	–	0.29
12	B_3	C_9	1.00	1.00	2.00	1.00	–	0.29
13		C_{10}	1.00	0.50	1.00	1.00	–	0.21
14		C_{11}	0.50	1.00	1.00	1.00	–	0.21
15		B_4	C_{12}	C_{13}	C_{14}	C_{15}	C_{16}	权重 U_p
16	B_4	C_{12}	1.00	0.50	0.33	1.00	3.00	0.16
17		C_{13}	2.00	1.00	0.50	0.50	2.00	0.18

续表

（1）序号	（2）	（3）	（4）	（5）	（6）	（7）	（8）	（9）
18		C_{14}	3.00	2.00	1.00	2.00	3.00	0.35
19	B_4	C_{15}	1.00	2.00	0.50	1.00	3.00	0.22
20		C_{16}	0.50	0.50	0.33	0.33	1.00	0.09
21		B_5	C_{17}	C_{18}	–	–	–	权重 U_p
22	B_5	C_{17}	1.00	2.00	–	–	–	0.67
23		C_{18}	0.50	1.00	–	–	–	0.33

与一级指标对总目标层的计算方法一致，对各个一级指标下二级指标所构造判断矩阵进行权重计算，进而进行一致性检验，得到结果如表 3 – 18 所示，具体资料详见表 3 – 18 第 9 列。

表 3 – 19　指标权重及排名

序号	总目标层	一级指标	二级指标	权重		综合权重	综合排名
1			C_1	0.49		0.181	1
2		B_1	C_2	0.31	0.37	0.115	2
3			C_3	0.20		0.073	4
4			C_4	0.42		0.089	3
5		B_2	C_5	0.14	0.21	0.030	14
6			C_6	0.27		0.057	6
7			C_7	0.16		0.034	13
8			C_8	0.29		0.056	7
9	A…	B_3	C_9	0.29	0.19	0.056	7
10			C_{10}	0.21		0.039	10
11			C_{11}	0.21		0.039	10
12			C_{12}	0.16		0.019	17
13			C_{13}	0.18		0.021	16
14		B_4	C_{14}	0.35	0.12	0.043	9
15			C_{15}	0.22		0.027	15
16			C_{16}	0.09		0.010	18
17		B_5	C_{17}	0.67	0.11	0.073	4
18			C_{18}	0.33		0.037	12

由表 3 - 19 所得的指标权重排序来看，人社局网站评价指标体系重要的指标顺序为：1 人力资源和社会保障局主动公开，2 依申请公开，3 办事服务指南，4 规范与监督（与网站速度需要性排序并列），5 申报审批，6 领导信箱（与民主监督需要性排序并列），7 安全隐私，8 参与管理（与交流论坛需要性排序并列），9 网站健康指数，10 部门协同，11 业务咨询，12 网站维护，13 导航搜索，14 基本设计，15 相关链接。

（三）专家满意度评比

首先，要对四个城市进行专家满意度测评，问卷依然用专家问卷第二指标进行设计，包括 18 个指标。首先运用德尔菲法，选择 6 位相关领域的代表人物就指标设计的合理性问题予以评价，并按照他们的评价做出相应的调整，根据评价的重要程度做出判定，最后按照专家建议与回馈的重要程度进行打分，得出如表 3 - 20 所示的满意度评价指标体系。同时通过李克特量表法就各指标的重要程度用 1 ~ 5 分（极为不重要→非常重要）进行选择（熊飞，2012）。第三部分同样利用李克特量表法对第二部分要素对应的各项进行重要性评价。

表 3 - 20 专家对 ZK 市人社局网站满意度的评价指标体系

评价指标	专家评分					
	专家 1	专家 2	专家 3	专家 4	专家 5	专家 6
人力资源和社会保障局主动公开						
依申请公开						
规范与监督						
办事服务指南						
业务咨询						
申报审批						
部门协同						
领导信箱						
民主监督						
交流论坛						
参与管理						
基本设计						

评价指标	专家评分					
	专家 1	专家 2	专家 3	专家 4	专家 5	专家 6
导航搜索						
安全隐私						
网站维护						
相关链接						
网站速度						
网站健康指数						

对问卷进行收集整理，专家对 4 个城市的满意度进行计算，最终得出平均分，如表 3 – 21 所示。

表 3 – 21　专家对四个城市人力资源和社会保障局网站满意度评分

评价指标	ZK 市满意度	B 市满意度	C 市满意度	D 市满意度
人力资源和社会保障局主动公开	4.83	2.34	1.17	4.19
依申请公开	4.83	2.17	1.12	4.17
规范与监督	4.67	2.33	1.33	4.33
办事服务指南	4.83	2.17	1.12	4.17
业务咨询	4.84	2.00	1.17	4.15
申报审批	4.83	2.17	1.23	4.17
部门协同	3.82	2.83	1.83	3.83
领导信箱	4.00	3.03	2.00	3.48
民主监督	4.00	2.64	1.67	4.67
交流论坛	3.83	2.86	1.83	4.83
参与管理	3.00	2.00	1.00	4.03
基本设计	4.50	2.13	1.17	4.10
导航搜索	4.67	2.33	1.35	4.30
安全隐私	5.00	2.00	1.05	4.00
网站维护	3.83	2.57	1.50	4.52
相关链接	4.50	2.54	1.50	4.53
网站速度	5.00	2.00	1.00	4.30
网站健康指数	3.67	2.30	1.33	3.36
总平均分数	4.37	2.35	1.37	4.17

由表 3 – 21 可知，专家对 4 个城市的满意度顺序是 ZK 市（得分为 4.37）>D 市（得分为 4.17）> B 市（得分为 2.35）> C 市（得分为 1.37）。所以 6 位专家对 ZK 市的满意度最高，D 市次之，B 市、C 市满意度最低。

六　公众满意度数据分析

（一）问卷前测

信度最早起源于心理测量，指的是测验结果的一致性程度或者可靠性程度，其中信度检验有内在与外在之分，本文重点对问卷的内在信度检验予以分析，并借助 SPSS22.0 统计分析软件获取结果。本研究通过发放 50 份问卷，来进行前测分析，发放人员为人力资源和社会保障局电子政务技术人员，问卷发放对象为前去人力资源和社会保障局办理业务的公众。发 50 份，收回 50 份。如表 3 – 22、3 – 23 所示，得到 Cronbach's Alpha 的信度值为 0.747，重点用于对各变量的可信度进行衡量，换言之，对结果的稳定性或者一致性程度进行衡量。Cronbach's Alpha > 0.7 表示可信度一般，本文中信度系数 0.747，则表明测验结果可行。

表 3 – 22　观察值处理摘要

		N	%
观察值	有效	50	100.0
	已排除ª	0	0.0
	总计	50	100.0

a. 基于程序中的所有变量完全删除。

表 3 – 23　可靠性统计资料

Cronbach's Alpha	项目个数
0.747	59

由表 3 – 23 可知，此问卷可用，可以进一步发放问卷，进行问卷调查分析。

（二）描述性分析

本次研究的对象是"人力资源和社会保障局"，因 ZK 市、B 市、C 市、D 市四个城市都属于河南省（由于对评比城市的隐私保护，其他三个城市用 B，C，D 代替），所以以该网站的城市居民为调查对象，利用实地与网络两种问卷调查法对相关数据进行搜集。受制于客观条件，本调查自 2016 年 6 月 5 日至 9 月 24 日，在 ZK，B，C，D 四个城市共分发问卷 400 份，其中 ZK 市 100 份、收回 100 份，B 市 100 份、收回 95 份，C 市 100 份、收回 100 份，D 市 100 份、收回 96 份。回收的有效问卷数量为 391 份。按照 Hau（2004）的理论，此样本容量与结构方程模型的要求相符。经过分析对比找出满意度最高的城市进行研究。

1. 人口统计描述性分析

（1）ZK 市研究共发放 100 份问卷，共计收回 100 份问卷，调查组对样本进行描述性分析，包括受访者性别、年龄、学历、职业、使用政府网站的频率等内容。由表 3 - 24 可知，ZK 市调查问卷样本数中的男性为 36 人，占 36.0%，女性为 64 人，占 64.0%。由表 3 - 25 可知，ZK 市参与问卷调查者的年龄分布情况为：25 岁以下的 13 人，占 13.0%，25～44 岁 51 人，占 51.0%，45 岁以上的为 36 人，占 36.0%。由表 3 - 26 可知，ZK 市参与问卷调查者的受教育程度（学历）为：高中以下文凭的为 13 人，占 13.0%，大专、本科文凭的为 70 人，占 70.0%，硕士及以上文凭的为 17 人，占 17.0%。由表 3 - 27 可知，ZK 市参与调查样本的职业分布为：国家公务员为 3 人，占 3.0%，企业工作者 14 人，占 14.0%，事业单位工作者 55 人，占 55.0%，学生 19 人，占 19.0%，其他职业者 9 人，占 9.0%。由表 3 - 28 可知，ZK 市参与调查的受访者使用政府网站频率为：一周两次以上的 9 人，占 9.0%，一周至少一次的 36 人，占 36.0%，一个月至少一次的 55 人，占 55.0%。

表 3 - 24　ZK 市问卷调查样本性别分布

单位：人，%

		频数	百分比	有效百分比	累计百分比
有效样本	男	36	36.0	36.0	36.0
	女	64	64.0	64.0	100.0
	总和	100	100.0	100.0	

表 3 - 25   ZK 市问卷调查样本年龄分布

单位：人，%

		频数	百分比	有效百分比	累计百分比
有效样本	25 岁以下	13	13.0	13.0	13.0
	25～44 岁	51	51.0	51.0	64.0
	45 岁以上	36	36.0	36.0	100.0
	总和	100	100.0	100.0	

表 3 - 26   ZK 市问卷调查样本受教育程度分布

单位：人，%

		频数	百分比	有效百分比	累计百分比
有效样本	高中以下	13	13.0	13.0	13.0
	大专、本科	70	70.0	70.0	83.0
	硕士及以上	17	17.0	17.0	100.0
	总和	100	100.0	100.0	

表 3 - 27   ZK 市问卷调查样本职业分布

单位：人，%

		频数	百分比	有效百分比	累计百分比
有效样本	公务员	3	3.0	3.0	3.0
	企业工作者	14	14.0	14.0	17.0
	事业单位工作者	55	55.0	55.0	72.0
	学生	19	19.0	19.0	91.0
	其他	9	9.0	9.0	100.0
	总和	100	100.0	100.0	

表 3 - 28   ZK 市问卷调查样本使用政府网站频率分布

单位：人，%

		次数	百分比	有效百分比	累计百分比
有效样本	一周两次以上	9	9.0	9.0	9.0
	一周至少一次	36	36.0	36.0	45.0
	一月至少一次	55	55.0	55.0	100.0
	总和	100	100.0	100.0	

（2）B市研究共发放 100 份问卷，共计收回 95 份问卷，调查组对样本进行描述性分析，包括受访者性别、年龄、学历、职业，使用政府网站的频率等内容。由表 3-29 可知，B市调查问卷样本数中的男性为 35 人，占 36.8%，女性为 60 人，占 63.2%。由表 3-30 可知，B市参与问卷调查者的年龄分布为：25 岁以下的 45 人，占 47.4%，25～44 岁 41 人，占 43.2%，45 岁以上的为 9 人，占 9.5%。由表 3-31 可知，B市参与问卷调查样本的受教育程度（学历）分布为：高中以下文凭的为 50 人，占 52.6%，大专、本科文凭的为 38 人，占 40.0%，硕士及以上文凭的为 7 人，占 7.4%。由表 3-32 可知，B市参与调查样本的职业分布为：国家公务员为 9 人，占 9.5%，企业工作者 65 人，占 68.4%，事业单位工作者 13 人，占 13.7%，学生 3 人，占 3.2%，其他职业者 5 人，占 5.3%。由表 3-33 可知，B市参与调查者使用政府网站频率为：一周两次以上的 27 人，占 28.4%，一周至少一次的 30 人，占 31.6%，一个月至少一次的 38 人，占 40.0%。

表 3-29　B 市问卷调查样本性别分布

单位：人，%

		频数	百分比	有效百分比	累计百分比
有效样本	男	35	36.8	36.8	36.8
	女	60	63.2	63.2	100.0
	总和	95	100.0	100.0	

表 3-30　B 市问卷调查样本年龄分布

单位：人，%

		频数	百分比	有效百分比	累计百分比
有效样本	25 岁以下	45	47.4	47.4	47.4
	25～44 岁	41	43.2	43.2	90.5
	45 岁以上	9	9.5	9.5	100.0
	总和	95	100.0	100.0	

表 3 – 31　B 市问卷调查样本数教育程度分布

单位：人，%

		频数	百分比	有效百分比	累计百分比
有效样本	高中以下	50	52.6	52.6	52.6
	大专、本科	38	40.0	40.0	92.6
	硕士及以上	7	7.4	7.4	100.0
	总和	95	100.0	100.0	

表 3 – 32　B 市问卷调查样本职业分布

单位：人，%

		次数	百分比	有效百分比	累计百分比
有效样本	公务员	9	9.5	9.5	9.5
	企业工作者	65	68.4	68.4	77.9
	事业单位工作者	13	13.7	13.7	91.6
	学生	3	3.2	3.2	94.7
	其他	5	5.3	5.3	100.0
	总和	95	100.0	100.0	

表 3 – 33　B 市问卷调查样本使用政府网站频率分布

单位：人，%

		次数	百分比	有效百分比	累计百分比
有效样本	一周两次以上	27	28.4	28.4	28.4
	一周至少一次	30	31.6	31.6	60.0
	一月至少一次	38	40.0	40.0	100.0
	总和	95	100.0	100.0	

（3）C 市研究共发放 100 份问卷，共计收回 100 份问卷，调查组对样本进行描述性分析，包括性别、年龄、学历、职业，使用政府网站的频率等内容。由表 3 – 34 可知，C 市调查问卷样本数中的男性为 22 人，占 22.0%，女性为 78 人，占 78.0%。由表 3 – 35 可知，C 市参与问卷调查的样本年龄分布为：25 岁以下的 61 人，占 61.0%，25～44 岁 29 人，占 29.0%，45 岁以上的为 10 人，占 10.0%。由表 3 – 36 可知，C 市参与问卷调查者的受教育程度（学历）分布为：高中以下文凭的为 1 人，占 1.0%，大专、本科文

凭的为 93 人，占 93.0%，硕士及以上文凭的为 6 人，占 6.0%。由表 3-37
可知，C 市参与调查问卷样本的职业分布为：国家公务员为 13 人，占
13.3%，企业工作者 26 人，占 26.0%，事业单位工作者 26 人，占 26.0%，
学生 20 人，占 20.0%，其他职业者 15 人，占 15.0%。由表 3-38 可知，C
市参与调查问卷者的使用政府网站频率分布为：一周两次以上的 20 人，占
20.0%，一周至少一次的 17 人，占 17.0%，一个月至少一次的 63 人，
占 63.0%。

表 3-34　C 市问卷调查样本性别分布

单位：人，%

		频数	百分比	有效百分比	累计百分比
有效样本	男	22	22.0	22.0	22.0
	女	78	78.0	78.0	100.0
	总和	100	100.0	100.0	

表 3-35　C 市问卷调查样本年龄分布

单位：人，%

		频数	百分比	有效百分比	累积百分比
有效样本	25 岁以下	61	61.0	61.0	61.0
	25~44 岁	29	29.0	29.0	90.0
	45 岁以上	10	10.0	10.0	100.0
	总和	100	100.0	100.0	

表 3-36　C 市问卷调查样本受教育程度分布

单位：人，%

		频数	百分比	有效百分比	累计百分比
有效样本	高中以下	1	1.0	1.0	1.0
	大专、本科	93	93.0	93.0	94.0
	硕士及以上	6	6.0	6.0	100.0
	总和	100	100.0	100.0	

表 3 – 37　C 市问卷调查样本职业分布

单位：人，%

		频数	百分比	有效百分比	累计百分比
有效样本	公务员	13	13.0	3.0	13.0
	企业工作者	26	26.0	26.0	39.0
	事业单位工作者	26	26.0	26.0	65.0
	学生	20	20.0	20.0	85.0
	其他	15	15.0	15.0	100.0
	总和	100	100.0	100.0	

表 3 – 38　C 市问卷调查样本使用政府网站频率分布

单位：人，%

		次数	百分比	有效百分比	累计百分比
有效样本	一周两次以上	20	20.0	20.0	20.0
	一周至少一次	17	17.0	17.0	37.0
	一月至少一次	63	63.0	63.0	100.0
	总和	100	100.0	100.0	

（4）D 市研究共发放 100 份问卷，共计收回 96 份问卷，调查组对样本进行描述性分析，包括性别、年龄、学历、职业，使用政府网站的频率等内容。由表 3 – 39 可知，D 市调查问卷样本数中的男性为 24 人，占 25.0%，女性为 72 人，占 75.0%。由表 3 – 40 可知，D 市参与问卷调查的样本年龄分布为：25 岁以下的 62 人，占 64.6%，25～44 岁 29 人，占 30.2%，45 岁以上的为 5 人，占 5.2%。由表 3 – 41 可知，D 市参与问卷调查者的受教育程度（学历）分布为：高中以下文凭的为 7 人，占 7.3%，大专、本科文凭的为 82 人，占 85.4%，硕士及以上文凭的为 7 人，占 7.3%。由表 3 – 42 可知，D 市参与调查问卷样本的职业分布为：国家公务员为 3 人，占 3.1%，企业工作者 17 人，占 17.7%，事业单位工作者 6 人，占 6.3%，学生 66 人，占 68.8%，其他职业者 4 人，占 4.2%。由表 3 – 43 可知，D 市参与调查问卷者使用政府网站频率分布为：一周两次以上的 18 人，占 18.8%，一周至少一次的 21 人，占 21.9%，一个月至少一次的 57 人，占 59.4%。

表 3 - 39　D 市问卷调查样本性别分布

单位：人，%

		频数	百分比	有效百分比	累计百分比
有效样本	男	24	25.0	25.0	25.0
	女	72	75.0	75.0	100.0
	总和	96	100.0	100.0	

表 3 - 40　D 市问卷调查样本年龄分布

单位：人，%

		频数	百分比	有效百分比	累计百分比
有效样本	25 岁以下	62	64.6	64.6	64.6
	25～44 岁	29	30.2	30.2	94.8
	45 岁以上	5	5.2	5.2	100.0
	总和	96	100.0	100.0	

表 3 - 41　D 市问卷调查样本受教育程度分布

单位：人，%

		频数	百分比	有效百分比	累计百分比
有效样本	高中以下	7	7.3	7.3	7.3
	大专、本科	82	85.4	85.4	92.7
	硕士及以上	7	7.3	7.3	100.0
	总和	96	100.0	100.0	

表 3 - 42　D 市问卷调查样本职业分布

单位：人，%

		次数	百分比	有效百分比	累计百分比
有效样本	公务员	3	3.1	3.1	3.1
	企业工作者	17	17.7	17.7	20.8
	事业单位工作者	6	6.3	6.3	27.1
	学生	66	68.8	68.8	95.8
	其他	4	4.2	4.2	100.0
	总和	96	100.0	100.0	

表 3 – 43　D 市问卷调查样本使用政府网络频率分布

单位：人，%

		次数	百分比	有效百分比	累计百分比
有效样本	一周两次以上	18	18.8	18.8	18.8
	一周至少一次	21	21.9	21.9	40.6
	一月至少一次	57	59.4	59.4	100.0
	总和	96	100.0	100.0	

2. 信度效度分析

（1）信度分析

为保障调查的可靠性，本调查首先使用了 SPSS22.0 软件就满意度测评量表情况展开了克朗巴哈信度系数检验。一般情况下，1 > Cronbach's Alpha > 0，若信度系数在 0.8~0.9 之间，表明量表信度特别好。检验后发现四个市的量表信度系数为 0.874、0.841、0.884、0.831，说明本研究的可靠性高，可以用于 IPA 分析。

ZK 市样本检测结果通过 SPSS 统计分析软件得到结果如表 3 – 44、3 – 45 所示。

表 3 – 44　观察值处理摘要

		N	%
观察值	有效	100	100.0
	已排除[a]	0	0.0
	总计	100	100.0

a 表示基于程序中的所有变量完全删除。

表 3 – 45　可靠性统计资料

Cronbach's Alpha	项目个数
0.841	59

如表 3 –45 所示，Cronbach's Alpha 的信度值为 0.841，重点用于对各变量的可信度进行衡量，换言之，对结果的稳定性或者一致性程度进行衡量。Cronbach's Alpha > 0.9 表示非常可信，本文中信度系数为 0.841，则表明测验或量表的信度非常高。

　　B 市样本检测结果通过 SPSS 统计分析软件得到结果如表 3 - 46、3 - 47 所示。

表 3 - 46　观察值处理摘要

		N	%
观察值	有效	95	100.0
	已排除[a]	0	0.0
	总计	95	100.0

a 表示基于程序中的所有变量完全删除。

表 3 - 47　可靠性统计资料

Cronbach's Alpha	项目个数
0.831	59

　　如表 3 - 47 所示，Cronbach's Alpha 的信度值为 0.831，重点用于对各变量的可信度进行衡量，换言之，对结果的稳定性或者一致性程度进行衡量。Cronbach's Alpha > 0.9 表示非常可信，本文中信度系数为 0.831，则表明测验或量表的信度非常高。

　　C 市样本检测结果通过 SPSS 统计分析软件得到结果如表表 3 - 48、3 - 49 所示。

表 3 - 48　观察值处理摘要

		N	%
观察值	有效	100	100.0
	已排除[a]	0	0.0
	总计	100	100.0

a 表示基于程序中的所有变量完全删除。

表 3 - 49　可靠性统计资料

Cronbach's Alpha	项目个数
0.874	59

　　如表 3 - 49 所示，Cronbach's Alpha 的信度值为 0.874，重点用于对各变

量的可信度进行衡量，换言之，对结果的稳定性或者一致性程度进行衡量。Cronbach's Alpha >0.9 表示非常可信，本文中信度系数为 0.874。则表明测验或量表的信度非常高。

D 市检测样本通过 SPSS 统计分析软件得到结果如表 3 - 50、3 - 51 所示。

表 3 - 50　观察值处理摘要

		N	%
观察值	有效	96	100. 0
	已排除 a	0	. 0
	总计	96	100. 0

a 表示基于程序中的所有变量完全删除。

表 3 - 51　可靠性统计资料

Cronbach's Alpha	项目个数
0.884	59

如表 3 - 51 所示，Cronbach's Alpha 的信度值为 0.884，重点用于对各变量的可信度进行衡量，换言之，对结果的稳定性或者一致性程度进行衡量。Cronbach's Alpha >0.9 表示非常可信，本文中信度系数为 0.884，则表明测验或量表的信度非常高。

（2）效度分析

效度分析通常采用 KMO 测度和 Bartlett's 球形检验。KMO 统计量通过比较变量间的简单相关系数、偏相关系数指标判断量表的效度。常用的 KMO 度量标准：KMO 值 >0.9，非常适合；0.7 < KMO 值 <0.8，适合；0.6 < KMO 值 <0.7，一般；0.5 < KMO 值 <0.6，不太适合；KMO 值 <0.5，极度不适合。Bartlett's 球形检验主要是对矩阵是否属于单位阵进行检验，观察各变量的独立性，若原始变量间存在相关性，说明量表的信度很好。一般来说，KMO 值大于 0.6 即通过检验，本文中可以看到问卷最终 ZK、B、C、D 四个城市的 KMO 值分别为 0.860、0.703、0.759、0.912，都大于 0.6，即问卷具有良好的取样足够度。此外，ZK、B、C、D 四个城市 Bartlett's 球形检验的卡方值分别为 3054. 805，2466. 868，5979. 395，5204. 161。显著性值

都为 0.000，其显著性 < 0.01，即该问卷通过了 KMO 与 Bartlett's 球形检验，即问卷具有良好的效度（见表 3 - 52、3 - 53、3 - 54、3 - 55）。

表 3 - 52　ZK 市 KMO 与 Bartlett's 球形检验

Kaiser - Meyer - Olkin 测量取样适当性		0.860
Bartlett's 球形检定	卡方值	3054.805
	df	1711
	显著性	0.000

表 3 - 53　B 市 KMO 与 Bartlett's 球形检验

Kaiser - Meyer - Olkin 测量取样适当性		0.703
Bartlett's 球形检定	卡方值	2466.868
	df	1711
	显著性	0.000

表 3 - 54　C 市 KMO 与 Bartlett's 球形检验

Kaiser - Meyer - Olkin 测量取样适当性		0.759
Bartlett's 球形检定	卡方值	5979.395
	df	1711
	显著性	0.000

表 3 - 55　D 市 KMO 与 Bartlett's 球形检验

Kaiser - Meyer - Olkin 测量取样适当性		0.912
Bartlett's 球形检定	卡方值	5204.161
	df	1711
	显著性	0.000

（三）单因子方差分析

为了探讨四个城市的民众在人社局网站上之信息有用性、技术适用性、隐私/安全性、用户导向性、交易透明性、响应性等六个构面上的看法是否有差异，本研究进行单因子变异数（方差）分析（one-way ANOVA），分析四个城市统计变量所分不同样本特征之群体间，各群体对不同构面之满意度是否有差异，判断这种差异的流程是先进行变异数的同构型检验，也就是 Levene 检验。若该步骤产生结果不显著，则代表变异数是同质。反之则代表变异数并非同质，要接着进行均值的稳健测试（Brown-Forsythe 检验或 Welch 检验），其结果若为显著才能再进行事后比较（Post hoc）；反之稳健测试结果不显著，则不适合进行变异数分析。

以下即针对四个城市信息有用性、技术适用性、隐私/安全性、用户导向性、交易透明性、响应性六大构面加以分析说明。

1. 信息有用性民众满意度统计分析

表 3-56　信息有用性满意度描述性统计

信息有用性

	N	平均数	标准偏差	标准错误	平均值的 95%信赖区间		最小值	最大值
					下限	上限		
ZK	100	4.214	0.3687	0.0369	4.141	4.287	3.4	5.0
B	95	3.489	0.2106	0.0216	3.447	3.532	2.0	4.0
C	100	2.669	0.4027	0.0403	2.589	2.749	1.0	3.0
D	96	4.144	0.5908	0.0603	4.124	4.363	2.8	5.0
总计	391	3.650	0.7699	0.0389	3.574	3.727	1.0	5.0

首先，检验四个城市人力资源和社会保障局网站在信息有用性上的满意度是否有显著差异，因此本研究采用单因素方差分析。

表 3-57　信息有用性变异数同构型测试

信息有用性

Levene 统计资料	df1	df2	显著性
34.142	3	387	0.000

由表 3-57 得知，在 P 值小于 $\alpha = 0.05$ 之显著水平，所以拒绝方差同构型的假设，代表四个城市相关网站在信息有用性上的方差是不同质的。此时应该再进行均值的稳健测试（Welch 或 Brown-Forsythe test），当其结果是显著时，再进行事后比较（Post hoc）。

表 3 - 58　信息有用性平均值等式稳健测试

信息有用性

	统计资料[a]	df1	df2	显著性
Welch	312. 325	3	202. 936	0. 000
Brown-Forsythe（B）	316. 778	3	271. 185	0. 000

说明：a 表示 F 值已渐进发布。

由表 3 - 58 可知，P 值小于 $\alpha = 0.05$ 之显著水平，因此拒绝非显著，证明四个城市相关网站在信息有用性比较上差异是显著的。并做 Games-Howell 事后（Post hoc）检定。

表 3 - 59　信息有用性多重比较

因变数：信息有用性

Games-Howell 检定

(I) City	(J) City	平均差异 (I - J)	标准错误	显著性	95% 信赖区间	
					下限	上限
ZK	B	0. 7245*	0. 0595	0. 000	0. 557	0. 892
	C	1. 5450*	0. 0588	0. 000	1. 380	1. 710
	D	- 0. 0297	0. 0594	0. 969	- 0. 196	0. 137
B	ZK	- 0. 7245*	0. 0595	0. 000	- 0. 892	- 0. 557
	C	0. 8205*	0. 0595	0. 000	0. 653	0. 988
	D	- 0. 7543*	0. 0601	0. 000	- 0. 923	- 0. 585
C	ZK	- 1. 5450*	0. 0588	0. 000	- 1. 710	- 1. 380
	B	- 0. 8205*	0. 0595	0. 000	- 0. 988	- 0. 653
	D	- 1. 5747*	0. 0594	0. 000	- 1. 741	- 1. 408
D	ZK	0. 0297	0. 0594	0. 969	- 0. 137	0. 196
	B	0. 7543*	0. 0601	0. 000	0. 585	0. 923
	C	1. 5747*	0. 0594	0. 000	1. 408	1. 741

* 表示平均值差异在 0. 05 水平显著。

由表 3 - 59 得知，ZK 市与 D 市的 P 值大于 $\alpha = 0.05$ 之显著水平，表明 ZK 市与 D 市信息有用性满意度差异是非显著的。而 ZK 市和 D 市对比 B 市和 C 市 P 值小于 $\alpha = 0.05$ 之显著水平，表示 ZK 市和 D 市对比 B 市和 C 市信息有用性是有显著差异的。

2. 技术适用性民众满意度统计分析

表 3 - 60   技术适用性满意度描述性统计

技术适用性

	N	平均数	标准偏差	标准错误	平均值的 95%信赖区间		最小值	最大值
					下限	上限		
ZK	100	4.247	0.3173	0.0317	4.184	4.310	3.6	4.9
B	95	3.571	0.2214	0.0227	3.526	3.616	2.1	4.0
C	100	2.739	0.3609	0.0361	2.667	2.811	1.1	3.0
D	96	4.252	0.5548	0.0566	4.140	4.365	2.8	5.0
总计	391	3.698	0.7335	0.0371	3.625	3.771	1.1	5.0

首先，检验四个城市人力资源和社会保障局网站在技术适用性上的满意度是否有显著差异，因此本研究采用单因素方差分析。

表 3 - 61   技术适用性变异数同构型测试

技术适用性

Levene 统计资料	df1	df2	显著性
25.947	3	387	0.000

由表 3 - 61 得知，在 P 值小于 $\alpha = 0.05$ 之显著水平，所以拒绝方差同构型的假设，代表四个城市相关网站在技术适用性上的方差不同质，此时，应该再做一个 Welch/Brown-Forsythe（稳健测试），当显示其结果是显著时，再进行事后比较（Post hoc）。

表 3 - 62   技术适用性平均值等式稳健测试

技术适用性

	统计资料[a]	df1	df2	显著性
Welch	369.241	3	207.329	0.000
Brown - Forsythe（B）	347.029	3	265.197	0.000

说明 a F 值已渐进发布。

由表 3 - 62 可知，P 值小于 $\alpha = 0.05$ 之显著水平，因此拒绝非显著，证明四个城市相关网站在技术适用性比较上差异是显著的。并做 Games-Howell

事后检验（Post hoc）。

表 3 - 63　技术适用性多重比较

因变数：技术适用性

Games-Howell 检定

(I) City	(J) City	平均差异 (I - J)	标准错误	显著性	95% 信赖区间	
					下限	上限
ZK	B	0.6759*	0.0548	0.000	0.522	0.830
	C	1.5078*	0.0541	0.000	1.356	1.660
	D	- 0.0056	0.0547	1.000	- 0.159	0.148
B	ZK	- 0.6759*	0.0548	0.000	- 0.830	- 0.522
	C	0.8319*	0.0548	0.000	0.678	0.986
	D	- 0.6816*	0.0554	0.000	- 0.837	- 0.526
C	ZK	- 1.5078*	0.0541	0.000	- 1.660	- 1.356
	B	- 0.8319*	0.0548	0.000	- 0.986	- 0.678
	D	- 1.5134*	0.0547	0.000	- 1.667	- 1.360
D	ZK	0.6759*	0.0548	0.000	0.522	0.830
	B	1.5078*	0.0541	0.000	1.356	1.660
	C	- 0.0056	0.0547	1.000	- 0.159	0.148

说明：＊表示平均值差异在 0.05 水平显著。

由表 3 - 63 得知，ZK 市与 D 市的 P 值大于 α = 0.05 之显著水平。ZK 市与 D 市技术适用性满意度差异是非显著的。而 ZK 市和 D 市对比 B 市和 C 市 P 值小于 α = 0.05 之显著水平，表示 ZK 市和 D 市对比 B 市和 C 市技术适用性是有显著差异的。

3. 隐私/安全性民众满意度统计分析

表 3 - 64　隐私/安全性满意度描述性统计

隐私/安全性

	N	平均数	标准偏差	标准错误	平均值的 95% 信赖区间		最小值	最大值
					下限	上限		
ZK	100	4.259	0.3553	0.0355	4.188	4.329	3.2	4.9
B	95	3.456	0.1786	0.0183	3.420	3.493	2.8	4.0

续表

	N	平均数	标准偏差	标准错误	平均值的95%信赖区间		最小值	最大值
					下限	上限		
C	100	2.771	0.3394	0.0339	2.704	2.838	1.3	3.0
D	96	4.258	0.5735	0.0585	4.142	4.374	2.8	5.0
总计	391	3.683	0.7357	0.0372	3.610	3.756	1.3	5.0

首先，检验四个城市人力资源和社会保障局网站在隐私/安全性上的满意度是否有显著差异，因此本研究采用单因素方差分析。

表 3-65　隐私/安全性变异数同构型测试

隐私/安全性

Levene 统计资料	df1	df2	显著性
30.726	3	387	0.000

由表 3-65 得知，在 P 值小于 α=0.05 之显著水平，所以拒绝方差同构型的假设，代表四个城市相关网站在隐私、安全性上的方差不同质，此时，应该再做一个 Welch/Brown-Forsythe（稳健测试），当其结果是显著时，再进行事后比较（Post hoc）。

表 3-66　隐私/安全性平均值等式稳健测试

隐私/安全性

	统计资料[a]	df1	df2	显著性
Welch	361.035	3	200.346	0.000
Brown-Forsythe（B）	338.428	3	249.790	0.000

a. F 值已渐进发布。

由表 3-66 可知，P 值小于 α=0.05 之显著水平，因此拒绝非显著，证明四个城市在隐私、安全性比较上差异是显著的。并做 Games-Howell 事后（Post hoc）检定。

表 3-67　隐私/安全性多重比较

因变数：隐私/安全性

Games-Howell 检定

(I) City	(J) City	平均差异 (I－J)	标准错误	显著性	95% 信赖区间	
					下限	上限
ZK	B	0.8027*	0.0555	0.000	0.647	0.959
	C	1.4878*	0.0548	0.000	1.334	1.642
	D	0.0008	0.0554	1.000	－0.155	0.156
B	ZK	－0.8027*	0.0555	0.000	－0.959	－0.647
	C	0.6850*	0.0555	0.000	0.529	0.841
	D	－0.8020*	0.0561	0.000	－0.959	－0.644
C	ZK	－1.4878*	0.0548	0.000	－1.642	－1.334
	B	－0.6850*	0.0555	0.000	－0.841	－0.529
	D	－1.4870*	0.0554	0.000	－1.643	－1.331
D	ZK	－0.0008	0.0554	1.000	－0.156	0.155
	B	0.8020*	0.0561	0.000	0.644	0.959
	C	1.4870*	0.0554	0.000	1.331	1.643

* 表明平均值差异在 0.05 水平显著。

由表 3-67 得知，ZK 市与 D 市的 P 值大于 $\alpha = 0.05$ 之显著水平。ZK 市与 D 市隐私/安全性满意度差异是非显著的。而 ZK 市和 D 市对比 B 市和 C 市 P 值小于 $\alpha = 0.05$ 之显著水平，表示 ZK 市和 D 市对比 B 市和 C 市隐私、安全性是有显著差异的。

4. 用户导向性民众满意度统计分析

表 3-68　用户导向性满意度描述性统计

用户导向性

	N	平均数	标准偏差	标准错误	平均值的 95% 信赖区间		最小值	最大值
					下限	上限		
ZK	100	4.288	0.3222	0.0322	4.224	4.351	3.6	4.9
B	95	3.496	0.1887	0.0194	3.458	3.535	2.2	3.9
C	100	2.738	0.3589	0.0359	2.666	2.809	1.4	3.0
D	96	4.268	0.5648	0.0576	4.154	4.383	2.8	5.0
总计	391	3.694	0.7490	0.0379	3.620	3.769	1.4	5.0

首先，检验四个城市人力资源和社会保障局网站在用户导向性上的满意度是否有显著差异，因此本研究采用单因素方差分析。

表 3 - 69　用户导向性变异数同构型测试

用户导向性

Levene 统计资料	df1	df2	显著性
37. 218	3	387	0. 000

由表 3 - 69 得知，在 P 值小于 α = 0.05 之显著水平，所以拒绝方差同构型的假设，代表四个城市相关网站在用户导向性上的方差不同质，此时，应该再做一个 Welch/Brown-Forsythe（稳健测试），当其结果显著时，再进行事后比较（Post hoc）。

表 3 - 70　用户导向性平均值等式稳健测试

用户导向性

	统计资料[a]	df1	df2	显著性
Welch	395. 554	3	202. 776	0. 000
Brown - Forsythe（B）	367. 736	3	252. 089	0. 000

a 表示 F 值已渐进发布。

由表 3 - 70 可知，P 值小于 α = 0.05 之显著水平，因此拒绝非显著，证明四个城市相关网站在用户导向性比较上差异是显著的。并做 Games-Howell 事后（Post hoc）检定。

表 3 - 71　用户导向性多重比较

因变数：用户导向性

Games-Howell 检定

(I) City	(J) City	平均差异 (I - J)	标准错误	显著性	95% 信赖区间	
					下限	上限
ZK	B	0. 7912*	0. 0548	0. 000	0. 637	0. 945
	C	1. 5500*	0. 0541	0. 000	1. 398	1. 702
	D	0. 0193	0. 0547	0. 989	- 0. 134	0. 173
B	ZK	- 0. 7912*	0. 0548	0. 000	- 0. 945	- 0. 637
	C	0. 7588*	0. 0548	0. 000	0. 605	0. 913
	D	- 0. 7719*	0. 0554	0. 000	- 0. 927	- 0. 616

续表

(I) City	(J) City	平均差异 (I−J)	标准错误	显著性	95% 信赖区间	
					下限	上限
C	ZK	− 1.5500*	0.0541	0.000	− 1.702	− 1.398
	B	− 0.7588*	0.0548	0.000	− 0.913	− 0.605
	D	− 1.5307*	0.0547	0.000	− 1.684	− 1.377
D	ZK	− 0.0193	0.0547	0.989	− 0.173	0.134
	B	0.7719*	0.0554	0.000	0.616	0.927
	C	1.5307*	0.0547	0.000	1.377	1.684

由表 3 − 71 得知，ZK 市与 D 市的 P 值大于 α = 0.05 之显著水平。ZK 市与 D 市用户导向性满意度差异是非显著的。而 ZK 市和 D 市对比 B 市和 C 市 P 值小于 α = 0.05 之显著水平，表示 ZK 市和 D 市对比 B 市和 C 市用户导向性是有显著差异的。

5. 交易透明性民众满意度统计分析

表 3 − 72　交易透明性满意度描述性统计

交易透明性

	N	平均数	标准偏差	标准错误	平均值的 95% 信赖区间		最小值	最大值
					下限	上限		
ZK	100	4.317	0.4454	0.0445	4.228	4.405	3.3	5.0
B	95	3.509	0.3145	0.0323	3.445	3.573	2.3	4.0
C	100	2.723	0.4318	0.0432	2.638	2.809	1.0	3.0
D	96	4.240	0.6301	0.0643	4.112	4.367	3.0	5.0
总计	391	3.694	0.8005	0.0405	3.614	3.774	1.0	5.0

首先，检验四个城市人力资源和社会保障局网站在交易透明性上的满意度是否有显著差异，因此本研究采用单因素方差分析。

表 3 − 73　交易透明性变异数同构型测试

交易透明性

Levene 统计资料	df1	df2	显著性
15.857	3	387	0.000

由表 3 - 73 得知，在 P 值小于 α = 0.05 之显著水平，所以拒绝方差同构型的假设，代表四个城市相关网站在交易透明性上的方差不同质，此时，应该再做一个 Welch/Brown-Forsythe（稳健测试），当其结果是显著时，再进行事后比较（Post hoc）。

表 3 - 74 交易透明性平均值等式稳健测试

交易透明性

	统计资料[a]	df1	df2	显著性
Welch	257.464	3	210.313	0.000
Brown - Forsythe（B）	249.443	3	307.803	0.000

a 表明 F 值已渐进发布。

由表 3 - 74 可知，P 值小于 α = 0.05 之显著水平，因此拒绝非显著，证明四个城市相关网站在交易透明性比较上是差异显著的，并做 Games-Howell 事后（Post hoc）检定。

表 3 - 75 交易透明性多重比较

因变数：交易透明性

Games-Howell 检定

(I) City	(J) City	平均差异 (I - J)	标准错误	显著性	95% 信赖区间	
					下限	上限
ZK	B	0.8079*	0.0672	0.000	0.619	0.997
	C	1.5933*	0.0663	0.000	1.407	1.780
	D	0.0771	0.0670	0.724	- 0.111	0.265
B	ZK	- 0.8079*	0.0672	0.000	- 0.997	- 0.619
	C	0.7854*	0.0672	0.000	0.597	0.974
	D	- 0.7308*	0.0679	0.000	- 0.921	- 0.540
C	ZK	- 1.5933*	0.0663	0.000	- 1.780	- 1.407
	B	- 0.7854*	0.0672	0.000	- 0.974	- 0.597
	D	- 1.5163*	0.0670	0.000	- 1.704	- 1.328
D	ZK	- 0.0771	0.0670	0.724	- 0.265	0.111
	B	0.7308*	0.0679	0.000	0.540	0.921
	C	1.5163*	0.0670	0.000	1.328	1.704

* 表示平均值差异在 0.05 水平显著。

由表 3 - 75 得知，ZK 市与 D 市的 P 值大于 $\alpha = 0.05$ 之显著水平，表明 ZK 市与 D 市交易透明性满意度差异是非显著的。而 ZK 市和 D 市对比 B 市和 C 市 P 值小于 $\alpha = 0.05$ 之显著水平，表示 ZK 市和 D 市对比 B 市和 C 市交易透明性是有显著差异的。

6. 响应性民众满意度统计分析

表 3 - 76 响应性民众满意度描述性统计

响应性

	N	平均数	标准偏差	标准错误	平均值的 95% 信赖区间		最小值	最大值
					下限	上限		
ZK	100	4.309	0.3682	0.0368	4.236	4.382	3.4	5.0
B	95	3.518	0.2446	0.0251	3.469	3.568	2.3	4.0
C	100	2.729	0.3672	0.0367	2.656	2.802	1.4	3.0
D	96	4.267	0.5791	0.0591	4.150	4.384	2.9	5.0
总计	391	3.702	0.7673	0.0388	3.626	3.779	1.4	5.0

首先，检验四个城市在响应性的满意度上是否有显著差异，因此本研究采用单因素方差分析。

表 3 - 77 响应性变异数同构型测试

响应性

Levene 统计资料	df1	df2	显著性
26.724	3	387	0.000

由表 3 - 77 得知，在 P 值小于 $\alpha = 0.05$ 之显著水平，所以拒绝方差同构型的假设，代表四个城市相关网站在响应性上的方差不同质，此时，应该再做一个 Welch/Brown-Forsythe（稳健测试），当其结果是显著时，再进行事后比较（Post hoc）。

表 3 – 78　响应性平均值等式稳健测试

响应性

	统计资料[a]	df1	df2	显著性
Welch	354. 523	3	208. 092	0. 000
Brown-Forsythe（B）	331. 041	3	277. 178	0. 000

a 表示 F 值已渐进发布。

由表 3 – 78 可知，P 值小于 α = 0.05 之显著水平，因此拒绝非显著，证明四个城市相关网站在响应性比较上是显著的。并做 Games-Howell 事后（Post hoc）检定。

表 3 – 79　响应性多重比较

因变数：响应性

Games-Howell 检定

(I) City	(J) City	平均差异 (I – J)	标准错误	显著性	95% 信赖区间	
					下限	上限
ZK	B	0. 7903*	0. 0584	0. 000	0. 626	0. 954
	C	1. 5800*	0. 0576	0. 000	1. 418	1. 742
	D	0. 0418	0. 0582	0. 915	− 0. 122	0. 205
B	ZK	− 0. 7903*	0. 0584	0. 000	− 0. 954	− 0. 626
	C	0. 7897*	0. 0584	0. 000	0. 626	0. 954
	D	− 0. 7485*	0. 0590	0. 000	− 0. 914	− 0. 583
C	ZK	− 1. 5800*	0. 0576	0. 000	− 1. 742	− 1. 418
	B	− 0. 7897*	0. 0584	0. 000	− 0. 954	− 0. 626
	D	− 1. 5382*	0. 0582	0. 000	− 1. 702	− 1. 375
D	ZK	− 0. 0418	0. 0582	0. 915	− 0. 205	0. 122
	B	0. 7485*	0. 0590	0. 000	0. 583	0. 914
	C	1. 5382*	0. 0582	0. 000	1. 375	1. 702

* 表明平均值差异在 0.05 水平显著。

由表 3 – 79 得知，ZK 市与 D 市的 P 值大于 α = 0.05 之显著水平，表明 ZK 市与 D 市响应性满意度差异是非显著的。而 ZK 市和 D 市对比 B 市和 C 市 P 值小于 α = 0.05 之显著水平，表示 ZK 市和 D 市对比 B 市和 C 市响应性是有显著差异的。

7. 总平均满意度统计分析

表 3 - 80　总平均满意度描述性统计

总平均满意度

	N	平均数	标准偏差	标准错误	平均值的95%信赖区间		最小值	最大值
					下限	上限		
ZK	100	4.063	0.2884	0.0288	4.006	4.120	3.4	4.6
B	95	3.215	0.1533	0.0157	3.183	3.246	2.1	3.6
C	100	2.534	0.2898	0.0290	2.477	2.592	1.7	2.9
D	96	3.959	0.4735	0.0483	3.864	4.055	2.7	4.7
总计	391	3.441	0.7011	0.0355	3.371	3.510	1.7	4.7

首先，检验四个城市人力资源和社会保障局网站在总平均满意度上是否有显著差异，因此本研究采用单因素方差分析。

表 3 - 81　总平均满意度变异数同构型测试

总平均满意度

Levene 统计资料	df1	df2	显著性
33.824	3	387	0.000

由表 3 - 81 得知，在 P 值小于 $\alpha = 0.05$ 之显著水平，所以拒绝方差同构型的假设，代表四个城市相关网站在总平均满意度上的方差不同质，此时，应该再做一个 Welch/Brown-Forsythe（稳健测试），当其结果是显著时，再进行事后比较（Post hoc）。

表 3 - 82　总平均满意度平均值等式稳健测试

总平均满意度

	统计资料[a]	df1	df2	显著性
Welch	534.386	3	201.411	0.000
Brown-Forsythe（B）	486.965	3	253.271	0.000

a 表示 F 值已渐进发布。

由表 3 - 82 可知，P 值小于 α = 0.05 之显著水平，因此拒绝非显著，证明四个城市相关网站在总平均满意度比较上差异是显著的。并做 Games-Howell 事后 （Post hoc） 检定。

表 3 - 83 总平均满意度多重比较

因变数：总平均满意度

Games-Howell 检定

(I) City	(J) City	平均差异 (I - J)	标准错误	显著性	95% 信赖区间	
					下限	上限
ZK	B	0.8485 *	0.0461	0.000	0.719	0.978
	C	1.5291 *	0.0455	0.000	1.401	1.657
	D	0.1037	0.0460	0.167	- 0.025	0.233
B	ZK	- 0.8485 *	0.0461	0.000	- 0.978	- 0.719
	C	0.6806 *	0.0461	0.000	0.551	0.810
	D	- 0.7448 *	0.0466	0.000	- 0.876	- 0.614
C	ZK	- 1.5291 *	0.0455	0.000	- 1.657	- 1.401
	B	- 0.6806 *	0.0461	0.000	- 0.810	- 0.551
	D	- 1.4254 *	0.0460	0.000	- 1.554	- 1.296
D	ZK	- 0.1037	0.0460	0.167	- 0.233	0.025
	B	0.7448 *	0.0466	0.000	0.614	0.876
	C	1.4254 *	0.0460	0.000	1.296	1.554

* 表明平均值差异在 0.05 水平显著。

由表 3 - 83 得知，ZK 市、B 市、C 市与 D 市的 P 值小于 α = 0.05 之显著水平，表明 ZK 市与 D 市总平均满意度是有显著差异的

综上所述，分析出四个城市在信息有用性、技术适用性、隐私/安全性、用户导向性、交易透明性、响应性六大维度的单因子方差结果是 ZK 市和 D 市在六大维度上是同质的，而 B 市和 C 市都是不同质的。只有在总平均满意度上 ZK 市和 D 市有稍许的不同。但是，不影响最后的分析结果。上述分析证明，ZK 市和 D 市是可以进行满意度的评比的。那么针对四个城市人力资源和社会保障局网站，本研究就可以做下一步公众满意度分析。

（四） 满意度对比

对 4 个城市相关网站的问卷进行满意度对比，评出人力资源和社会保障

局网站 G2C 做得最好的城市（见表 3－84）。

表 3－84　公众对四个城市人力资源和社会保障局网站满意度评分

大项指标	指标	ZK 市满意度		B 市满意度		C 市满意度		D 市满意度	
		平均值	指标平均值	平均值	指标平均值	平均值	指标平均值	平均值	指标平均值
信息有用性	B7	4.16	4.21	3.29	3.49	2.67	2.67	4.17	4.15
	B8	4.08		3.39		2.75		4.20	
	B9	4.26		3.46		2.66		4.15	
	B10	4.14		3.55		2.60		4.13	
	B11	4.28		3.61		2.60		4.06	
	B12	4.21		3.56		2.62		4.14	
	B13	4.21		3.56		2.67		4.23	
	B14	4.29		3.47		2.69		4.16	
	B15	4.27		3.49		2.68		4.11	
	B16	4.24		3.51		2.75		4.13	
技术适用性	C17	4.26	4.25	3.60	3.57	2.73	2.74	4.13	4.16
	C18	4.19		3.53		2.75		4.17	
	C19	4.19		3.48		2.70		4.19	
	C20	4.43		3.57		2.71		4.18	
	C21	4.21		3.67		2.77		4.12	
	C22	4.26		3.66		2.73		4.18	
	C23	4.25		3.62		2.68		4.16	
	C24	4.24		3.53		2.79		4.14	
	C25	4.19		3.47		2.79		4.18	
隐私/安全性	D26	4.32	4.26	3.41	3.46	2.77	2.77	4.12	4.18
	D27	4.29		3.40		2.86		4.18	
	D28	4.23		3.38		2.78		4.11	
	D29	4.27		3.49		2.80		4.28	
	D30	4.35		3.53		2.77		4.17	
	D31	4.12		3.55		2.77		4.22	
	D32	4.28		3.44		2.70		4.18	
	D33	4.26		3.47		2.74		4.22	
	D34	4.21		3.43		2.75		4.14	

大项指标	指标	ZK 市满意度		B 市满意度		C 市满意度		D 市满意度	
		平均值	指标平均值	平均值	指标平均值	平均值	指标平均值	平均值	指标平均值
用户导向性	E35	4.27	4.28	3.61	3.50	2.79	2.74	4.18	4.19
	E36	4.32		3.54		2.74		4.13	
	E37	4.18		3.51		2.75		4.13	
	E38	4.23		3.49		2.73		4.16	
	E39	4.21		3.56		2.74		4.20	
	E40	4.44		3.56		2.74		4.28	
	E41	4.29		3.55		2.69		4.11	
	E42	4.37		3.51		2.74		4.29	
	E43	4.34		3.47		2.77		4.24	
	E44	4.27		3.39		2.73		4.13	
	E45	4.24		3.54		2.72		4.15	
	E46	4.34		3.54		2.71		4.21	
	E47	4.34		3.45		2.69		4.22	
	E48	4.32		3.48		2.75		4.23	
	E49	4.26		3.45		2.79		4.16	
	E50	4.27		3.42		2.71		4.19	
	E51	4.20		3.45		2.76		4.13	
	E52	4.34		3.51		2.76		4.22	
	E53	4.26		3.35		2.70		4.27	
	E54	4.26		3.56		2.74		4.22	
交易透明性	F55	4.33	4.32	3.44	3.51	2.76	2.72	4.14	4.15
	F56	4.30		3.53		2.69		4.11	
	F57	4.32		3.56		2.72		4.19	
响应性	G58	4.32	4.31	3.60	3.52	2.73	2.73	4.17	4.17
	G59	4.23		3.62		2.76		4.11	
	G60	4.26		3.55		2.76		4.23	
	G61	4.31		3.48		2.78		4.14	
	G62	4.41		3.49		2.76		4.19	
	G63	4.37		3.48		2.70		4.21	
	G64	4.35		3.52		2.70		4.18	
	G65	4.22		3.40		2.64		4.15	

续表

大项 指标	ZK 市满意度			B 市满意度		C 市满意度		D 市满意度	
	指标	平均值	指标 平均值	平均值	指标 平均值	平均值	指标 平均值	平均值	指标 平均值
综合评价	H66	2.90		1.46		1.37		2.19	
总平均值	3.95			3.22		2.53		3.88	

　　由表 3 - 84 可以看出 4 个城市的人力资源和社会保障局电子政务 G2C 满意度得分，其中 ZK 市得分最高（3.95），D 市得分次之（3.88），B 市得分第三（3.22），C 市得分最低（2.53）。而对比专家对 4 个城市相关网站满意设的评分（见表 3 - 21），结果基本相同，两份不同的问卷，得出的结果大致相同，都是 A 市得分最高，D 市次之。B 市、C 市分列第三、四。那么为什么 ZK 市与 B 市、C 市得到结果差异那么大呢？

（五）网页实证分析

　　由上一章我们得到了 ZK、B、C、D 市四个城市人力资源和社会保障局网站的满意度分数与排序。

　　1. ZK 市与 C 市相关网站网页对比

　　这一部分主要是挑出专家满意度得分最高的 ZK 市和得分最低的 C 市进行对比分析。由于这样做会对满意度差的单位造成影响，因此本研究对其他城市进行遮挡。

　　（1）公告公示方面

　　ZK 市人力资源和社会保障局政府网页公告公示（见图 3 - 1）。

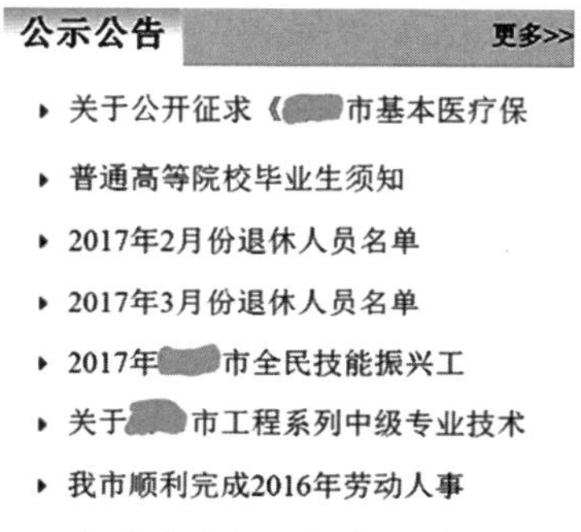

公示公告　　　　　　**更多>>**

▶ 关于公开征求《▨▨市基本医疗保

▶ 普通高等院校毕业生须知

▶ 2017年2月份退休人员名单

▶ 2017年3月份退休人员名单

▶ 2017年▨▨市全民技能振兴工

▶ 关于▨▨市工程系列中级专业技术

▶ 我市顺利完成2016年劳动人事

图 3 - 1　ZK 市人力资源和社会保障局网页公告公示

C 市人力资源和社会保障局政府网页公告公示（见图 3-2、3-3）。

图 3-2　C 市人力资源和社会保障局网页公告公示

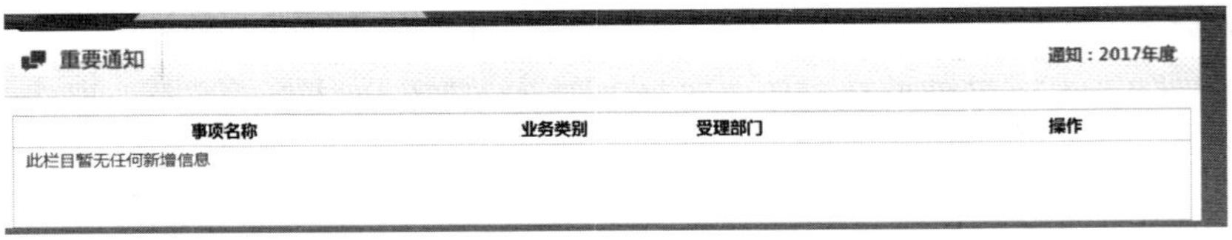

图 3-3　C 市人力资源和社会保障局网页公告公示

由图 3-1、3-2、3-3 对比可以明显看出 ZK 市相关网站最后更新时间为 2017 年 2 月以后，而 C 市最后更新时间为 2016 年 11 月，ZK 市公告公示内容丰富，全面。而 C 市内容匮乏，从内容中可以看出，C 市人力资源和社会保障局政府网站是处于起步阶段。而其在 2017 年 2 月网站仍然没有新添任何内容，可以看出在公告公示这方面 ZK 市优势明显大于 C 市。

（2）公众交流方面

ZK 市人力资源和社会保障局网页公众交流页面（见图 3-4）。

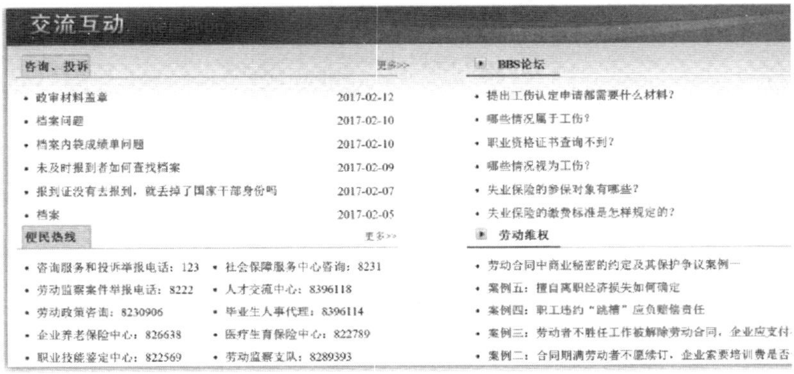

图 3-4　ZK 市人力资源和社会保障局网页公众交流页面

C 市人力资源和社会保障局政府网页公众交流页面（见图 3 - 5）。

图 3 - 5　C 市人力资源和社会保障局网页公众交流页面

由图 3 - 4、3 - 5 看出，在公众交流方面，ZK 市相关网页内容丰富，更新很快，而 C 市几乎没有更新，内容更是单一，唯一的在线视频也无法打开。所以在公众交流方面 ZK 市的优势也明显强于 C 市。

（3）相关链接方面

ZK 市与 C 市人力资源和社会保障局网页相关链接（见图 3 - 6、3 - 7）。

图 3 - 6　ZK 市人力资源和社会保障局网页相关链接

图 3 - 7　C 市人力资源和社会保障局网页相关链接

由图 3 - 6、3 - 7 看出，在相关链接方面，ZK 市也做得较细致、全面，容易操作，可以链接各种关乎民生、与公众息息相关的网站。而 C 市的链接简单单一，东西匮乏。在相关链接方面也是 ZK 市优势大于 C 市。

所以从这三大方面可以看出，专家的满意度评价分数 ZK 市高于 C 市，符合现实状况。所以专家的满意度分数成立。

2. ZK 市与 B 市相关网页对比

这一部分主要是挑出公众满意度得分最高的 ZK 市和得分最低的 C 市进

行对比分析。由于这样做会对满意度差的单位造成影响，所以本研对其他城市进行名称涂抹。

（1）政府信息公开页面

图 3－8　ZK 市人力资源和社会保障局政府信息公开

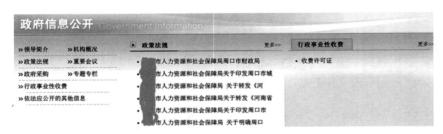

图 3－9　ZK 市人力资源和社会保障局政府信息公开

图 3－10　B 市人力资源和社会保障局政府网页政府信息公开

图 3 - 11　B 市人力资源和社会保障局政府信息公开

由图 3 - 8、3 - 9、3 - 10、3 - 11 对比可以看出，（本研究为了保护个人隐私，对相关领导姓名、职务和照片都进行了遮挡）在政务公开方面，ZK 市也做得比较细致全面，ZK 市相关网页对每位领导都做了详细的介绍，包括姓名、职务，所分管的政务以及照片。可以让公众遇见事情，找到负责人，而不会出现推诿、遇事找不到分管事务的领导的现象。而且，ZK 市的相关网页，也对每一项政务都做了详细的介绍，清晰明了。而对比 B 市，在点开政务公开网页时，却打开了交流互动页面，出现了错误链接。领导介绍方面应该属于政务公开，却出现在公众服务中。而领导简介，对每位领导都没有任何介绍，包括职务、分管工作。而对于 B 市的领导信箱，在线访谈，民意调查，这些三级网页，根本打不开。所以，ZK 市和 B 市在政务公开方面，ZK 市有绝对优势。

（2）业务专栏方面

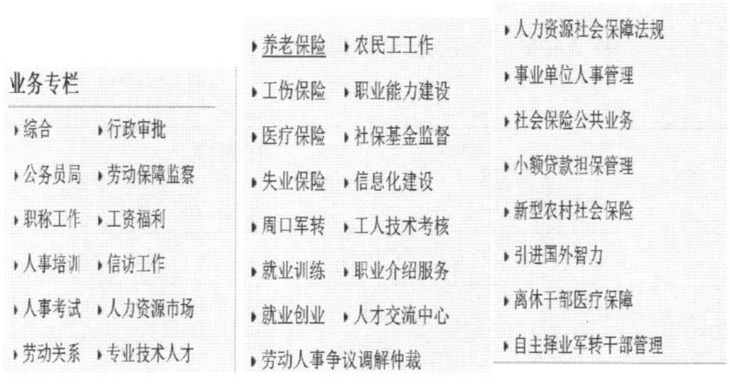

图 3 - 12　ZK 市人力资源管理与社会保障局政府业务专栏

图 3 – 13　B 市人力资源管理与社会保障局政府业务专栏

由图 3 – 12、3 – 13 对比可以看出，ZK 市的人力资源管理与社会保障局，在业务专栏这一块，做得非常细致，清楚明了。用户在打开首页时就能看到自己需要进的位置。操作简单，说明清楚。而看 B 市的业务专栏，进入之后只有六项，而且社保卡专栏，根本 B 无法打开，是空白。而人事考试，不应该属于社保卡专栏。所以在业务专栏方面，ZK 市又是最好用的。

所以，在这两个大项目对比之下，ZK 市在公众满意度得分最高，符合现实状况，那么公众满意度问卷也成立。

最后，综合专家问卷和公众满意度问卷得出的结论，都是 ZK 市的满意度最高。那么可以用 ZK 市做数据实证研究。

（六）公众对 ZK 市人力资源与社会保障局满意度的交叉分析

相关性分析主要用来说明变量之间的关联程度，它可以初步揭示各因素与公众参与满意度之间的关系，从而为寻找影响公众满意度因素奠定基础。

1. 性别与维度之间的交叉分析

（1）性别与信息有用性的交叉分析

表 3 – 85　性别与信息有用性交叉分析

计数				单位：人
		信息有用性		总计
		1	2	
性别	男	20	16	36
	女	28	36	64
总计		48	52	100

说明：1 表示认可，2 表示否认

本研究对性别和信息有用性进行了交叉分析。由表 3 - 85 可知，男性中有 20 人认可信息的有用性，16 人否认信息的有用性；同样，女性中有 28 人认为信息有用，36 人认为信息无用，初步可见男女对信息有用性的观点基本无差异。

表 3 - 86　性别与信息有用性卡方测试

	数值	df	渐近显著性（2 端）	精确显著性（2 端）	精确显著性（1 端）
皮尔森（Pearson）卡方	1.287[a]	1	0.257		
持续更正[b]	0.857	1	0.355		
概似比	1.288	1	0.256		
费雪（Fisher）确切检定				0.300	0.177
线性对线性关联	1.274	1	0.259		
有效观察值个数	100				

说明：a 表示 0 数据格（0.0%）预期计数小于 5。预期的计数下限为 17.28。b 表示只针对 2×2 表格进行计算。

由表 3 - 86 性别和信息有用性的卡方检验可看出，在 $\alpha = 0.05$ 前提下，$P = 0.257 > 0.05$，因此接受原假设 H_0：$u_1 = u_2$，则认为两者没有显著差异。

（2）性别与技术适用性交叉分析

表 3 - 87　性别与技术适用性交叉分析

计数				单位：人
		技术适用性		总计
		1	2	
性别	男	14	22	36
	女	28	36	64
总计		42	58	100

说明：1 表示认可，2 表示否认

本研究对性别和技术适用性进行了交叉分析。由表 3 - 87 可知，男性中有 14 人对于技术适用性的观点是肯定，而 22 人对技术适用性观点不认可，；同样女性中有 28 人对其认可，36 位女性对技术适用性的观点不认可。初步可见，男女对技术适用性的观点没有显著性差异，对此本研究又对两者进行了卡方检验，具体判断两者的差异性，如表 3 - 88 所示。

表 3 - 88　性别与技术适用性卡方测试

	数值	df	渐近显著性（2 端）	精确显著性（2 端）	精确显著性（1 端）
皮尔森（Pearson）卡方	0.223[a]	1	0.636		
持续更正[b]	0.068	1	0.794		
概似比	0.224	1	0.636		
费雪（Fisher）确切检定				0.678	0.398
线性对线性关联	0.221	1	0.638		
有效观察值个数	100				

说明：a. 0 数据格（0.0%）预期计数小于 5。预期的计数下限为 15.12。b. 只针对 2×2 表格进行计算。

由表 3 - 88 性别和技术适用性的卡方检验可见，在 $\alpha = 0.05$ 前提下，皮尔森的 $P = 0.636 > 0.05$，因此接受原假设 $H_0: u_1 = u_2$，则认为性别和技术适用性两者之间没有显著差异性。

（3）性别与隐私/安全的交叉分析

表 3 - 89　性别与隐私/安全性交叉分析

计数　　　　　　　　　　　　　　　　　　　　　　　　单位：人

		隐私/安全性		总计
		1	2	
性别	男	13	23	36
	女	28	36	64
总计		41	59	100

说明：1 表示认可，2 表示否认

本研究对性别和隐私/安全性又进行了交叉分析。由表 3 - 89 可知，认可隐私、安全性的人数共有 41 人，其中男性为 13 人，女性有 28 人；不认可隐私、安全性的人数共有 59 人，其中男性有 23 人，女性有 36 人。本研究继续对两者进行卡方检验，来判断两者的差异性，如表 3 - 90 所示。

表 3 - 90　性别与隐私/安全性卡方测试

	数值	df	渐近显著性（2 端）	精确显著性（2 端）	精确显著性（1 端）
皮尔森（Pearson）卡方	0.556[a]	1	0.456		
持续更正[b]	0.285	1	0.594		
概似比	0.560	1	0.454		
费雪（Fisher）确切检定				0.528	0.298
线性对线性关联	0.550	1	0.458		
有效观察值个数	100				

说明：a 表示 0 数据格（0.0%）预期计数小于 5。预期的计数下限为 14.76。b 表示只针对 2×2 表格进行计算。

由表 3 - 90 的性别和隐私、安全性的卡方检验可见，在 $\alpha = 0.05$ 前提下，皮尔森的 P = 0.456 > 0.05，因此接受原假设 $H_0：u_1 = u_2$，则认为性别和隐私/安全性两者之间没有显著差异。

2. 年龄与各维度之间的交叉分析

（1）年龄与隐私/安全性的交叉分析

表 3 - 91　年龄与隐私/安全性交叉分析

计数

		隐私/安全性		总计
		1	2	
年龄	25 岁以下	3	10	13
	25 ~ 44 岁	19	32	51
	45 岁及以上	19	17	36
总计		41	59	100

说明：1 表示认可，2 表示否认

本研究对年龄和隐私/安全性进行了交叉分析。由表 3 - 91 可知，100 位受访者中，25 岁以下的人中有 13 人，其中对隐私、安全性认可的有 3 人，不认可的有 10 人；25 ~ 44 岁的受访者共有 51 人，其中对隐私/安全性认可的有 19 人，不认可的有 32 人，人数较多；45 岁及以上的受访者有 36 人，其中对隐私、安全性认可的有 19 人，不认可的有 17 人。本研究继续对两者进行了卡方检验，来判断两者的差异性，如表 3 - 92 所示。

表 3 - 92　年龄与隐私/安全性卡方测试

	数值	df	渐近显著性（2 端）
皮尔森（Pearson）卡方	4.086ª	2	0.130
概似比	4.181	2	0.124
线性对线性关联	4.042	1	0.044
有效观察值个数	100		

说明：a 表示 0 数据格（0.0%）预期计数小于 5。预期的计数下限为 5.33。

由上表 3 - 92 对年龄和隐私/安全性的卡方检验可见，在 $\alpha = 0.05$ 前提下，皮尔森的 P = 0.130 > 0.05，因此接受原假设 H_0：$u_1 = u_2$，则认为年龄和隐私/安全性两者之间没有显著性差异。

（2）年龄与用户导向性的交叉分析

表 3 - 93　年龄与用户向导性交叉分析

计数				单位：人
		用户向导性		总计
		1	2	
年龄	25 岁以下	5	8	13
	25 ~ 44 岁	19	32	51
	45 岁及以上	18	18	36
总计		42	58	100

说明：1 表示认可，2 表示否认

本研究对年龄和用户导向性进行了交叉分析。由表 3 - 93 可知，100 位受访者中，25 岁以下的人中有 13 人，其中认可用户导向型观点的有 5 人，不认同的有 8 人；25 ~ 44 岁的受访者中共有 51 人，其中对用户导向性的观点认可的有 19 人，不认可的有 32 人；45 岁及以上的受访者有 36 人，其中对用户导向性观点认可的有 18 人，不认可的也有 18 人。继续对两者进行卡方检验，来判断两者的差异性，如表 3 - 94 所示。

表 3 - 94　年龄与用户导向性卡方测试

	数值	df	渐近显著性（2 端）
皮尔森（Pearson）卡方	1.484ª	2	0.476
概似比	1.478	2	0.478
线性对线性关联	1.037	1	0.308
有效观察值个数	100		

说明：a 表示 0 数据格（0.0%）预期计数小于 5。预期的计数下限为 5.46。

由表 3 - 94 的年龄和用户导向性的卡方检验可见，在 $\alpha = 0.05$ 前提下，的 $P = 0.476 > 0.05$，因此接受原假设 H_0：$u_1 = u_2$，则认为年龄和用户导向性两者之间没有显著性差异。

（3）年龄与技术适用性的交叉分析

表 3 - 95　年龄与技术适用性交叉分析

计数　　　　　　　　　　　　　　　　　　　　　　　　　单位：人

		技术适用性		总计
		1	2	
年龄	25 岁以下	4	9	13
	25 ~ 44 岁	17	34	51
	45 岁及以上	21	15	36
总计		42	58	100

说明：1 表示认可，2 表示否认

本研究对年龄和技术适用性又进行了交叉分析。由表 3 - 95 可知，100 位受访者中，25 岁以下的人中有 13 人，其中对技术适用性的观点认可的有 4 人，不认可的有 9 人；25 ~ 44 岁的受访者中共有 51 人，其中对技术适用性的观点认可的有 17 人，不认可的有 34 人；45 岁及以上的受访者有 36 人，其中对技术适用性观点认可的有 21 人，不认可的有 15 人。继续对两者进行了卡方检验，来判断两者的差异性，如表 3 - 96 所示。

表 3 - 96　年龄与技术适用性卡方测试

	数值	df	渐近显著性（2 端）
皮尔森（Pearson）卡方	6.188[a]	2	0.045
概似比	6.184	2	0.045
线性对线性关联	5.009	1	0.025
有效观察值个数	100		

说明：a 表示 0 数据格（0.0%）预期计数小于 5。预期的计数下限为 5.46。

由表 3 - 96 的年龄和技术适用性的卡方检验可见，在 $\alpha = 0.05$ 前提下，皮尔森的 $P = 0.045 < 0.05$，因此拒绝原假设，接受备择假设 $H_1 : u_1 \neq u_2$，则认为年龄和技术适用性两者之间有显著性差异。

（4）年龄与响应性的交叉分析

表 3 - 97　年龄与响应性交叉分析

计数　　　　　　　　　　　　　　　　　　　　　　　　　　　　　　单位：人

		响应性		总计
		1	2	
年龄	25 岁以下	1	12	13
	25 ~ 44 岁	16	35	51
	45 岁及以上	15	21	36
总计		32	68	100

说明：1 表示认可，2 表示否认

本研究对年龄和响应性进行了交叉分析。由表 3 - 97 可知，100 位受访者中，认同回应性观点的有 32 人，其中年龄为 25 岁以下的有 1 人，25 ~ 44 岁有 16 人，45 岁及以上的有 15 人；对响应性的观点不认同的有 68 人，其中 25 岁以下的有 12 人，25 ~ 44 岁的有 35 人，45 岁及以上的有 21 人。继续对两者进行了卡方检验，来判断两者的差异性，如表 3 - 98 所示。

表 3 - 98　年龄与响应性卡方测试

	数值	df	渐近显著性（2 端）
皮尔森（Pearson）卡方	5.085[a]	2	0.079
概似比	5.972	2	0.050

	数值	df	渐近显著性（2 端）
线性对线性关联	4.589	1	0.032
有效观察值个数	100		

说明：a 表示 1 数据格（16.7%）预期计数小于 5。预期的计数下限为 4.16。

由表 3 - 98 的年龄和响应性的卡方检验表可见，在 $\alpha = 0.05$ 前提下，$P = 0.079 > 0.05$，因此接受原假设 H_0：$u_1 = u_2$，则认为年龄和响应性两者之间没有显著性差异。

3. 受教育程度与各维度之间的交叉分析

（1）受教育程度与信息有用性之间的交叉分析

表 3 - 99　受教育程度与信息有用性交叉分析

计数　　　　　　　　　　　　　　　　　　　　　　　　　　　　单位：人

		信息有用性		总计
		1	2	
受教育程度	高中及以下	8	5	13
	大专、本科	34	36	70
	硕士及以上	6	11	17
总计		48	52	100

说明：1 表示认可，2 表示否认

本研究对受教育程度和信息有用性进行了交叉分析。由表 3 - 99 可知，100 位受访者中，高中及以下的学历人数有 13 人，其中认同信息有用性观点的有 8 人，不认同的有 5 人；同时，学历为大专、本科的受访者有 70 人，其中认同信息有用性观点的有 34 人，不认同的有 36 人；学历是硕士及以上的受访者有 17 人，其中认同信息有用性的观点的有 6 人，不认同的有 11 人。因为各类学历的受访者人数中比例差距较大，所以此种调查结果不大具有代表性，进而继续对两者进行卡方检验，来判断两者的差异性，如表 3 - 100 所示。

表 3 – 100　受教育程度与信息有用性卡方测试

	数值	df	渐近显著性（2 端）
皮尔森（Pearson）卡方	2.063ª	2	0.356
概似比	2.088	2	0.352
线性对线性关联	2.043	1	0.153
有效观察值个数	100		

说明：a 表示 0 数据格（0.0%）预期计数小于 5。预期的计数下限为 6.24。

由表 3 – 100 的受教育程度和信息有用性的卡方检验可见，在 $\alpha = 0.05$ 前提下，$P = 0.365 > 0.05$，因此接受原假设 H_0：$u_1 = u_2$，则认为受教育程度和信息有用性两者之间没有显著性差异。

（2）受教育程度与技术适用性之间的交叉分析

表 3 – 101　受教育程度与技术适用性交叉分析

计数　　　　　　　　　　　　　　　　　　　　　　　　单位：人

		技术适用性		总计
		1	2	
受教育程度	高中及以下	6	7	13
	大专、本科	29	41	70
	硕士及以上	7	10	17
总计		42	58	100

说明：1 表示认可，2 表示否认

本研究对受教育程度和技术适用性进行了交叉分析。由表 3 – 101 可知，100 位受访者中，认可技术适用性的有 42 人，其中高中及以下学历的有 6 人，大专、本科学历的有 29 人，硕士及以上学历的有 7 人；不认可的人数共有 58 人，其中高中及以下学历的人数有 7 人，大专、本科有 41 人，硕士及以上学历的有 10 人。从有关技术适用性两种观点的人数分布来看，占比较为合理。继续对两者进行卡方检验，来判断两者的差异性，如表 3 – 102 所示。

表 3 - 102　受教育程度与技术适用性卡方测试

	数值	df	渐近显著性（2 端）
皮尔森（Pearson）卡方	0.106ᵃ	2	0.948
概似比	0.105	2	0.949
线性对线性关联	0.063	1	0.802
有效观察值个数	100		

说明：a 表示 0 数据格（0.0%）预期计数小于 5。预期的计数下限为 5.46。

　　由表 3 - 102 的受教育程度和技术适用性的卡方检验可见，在 $\alpha = 0.05$ 前提下，$P = 0.948 > 0.05$，因此接受原假设 H_0：$u_1 = u_2$，则认为受教育程度和技术适用性两者之间没有显著性差异。

　　（3）受教育程度与交易透明性之间的交叉分析

表 3 - 103　受教育程度与交易透明性交叉分析

计数　　　　　　　　　　　　　　　　　　　　　　　　　　　　　　单位：人

		交易透明性		总计
		1	2	
受教育程度	高中及以下	4	9	13
	大专、本科	25	45	70
	硕士及以上	5	12	17
总计		34	66	100

说明：1 表示认可，2 表示否认

　　本研究对受教育程度和交易透明性进行交叉分析。由表 3 - 103 可知，100 位受访者中，对交易透明性的观点认同的有 34 人，其中高中及以下学历的有 4 人，大专、本科学历的有 25 人，硕士及以上学历的有 5 人；不认同的共有 66 人，其中高中及以下学历的有 9 人，大专、本科的有 45 人，硕士及以上学历的有 12 人。对受教育程度和交易透明性继续进行卡方检验，来判断两者的差异性，如表 3 - 104 所示。

表 3 - 104　受教育程度与交易透明性卡方测试

	数值	df	渐近显著性（2 端）
皮尔森（Pearson）卡方	0.312ᵃ	2	0.856
概似比	0.316	2	0.854

续表

	数值	df	渐近显著性（2 端）
线性对线性关联	0.019	1	0.890
有效观察值个数	100		

说明：a 表示 1 数据格（16.7%）预期计数小于 5。预期的计数下限为 4.42。

由表 3 – 104 的受教育程度和交易透明性的卡方检验可见，在 $\alpha = 0.05$ 前提下，P = 0.856 > 0.05，因此接受原假设 H_0：$u_1 = u_2$，则认为受教育程度和交易透明性两者之间没有显著性差异。

（4）受教育程度与响应性之间的交叉分析

表 3 – 105　受教育程度与响应性交叉分析

计数　　　　　　　　　　　　　　　　　　　　　　　　　　　　　　　单位：人

		响应性		总计
		1	2	
受教育程度	高中及以下	5	8	13
	大专、本科	23	47	70
	硕士及以上	4	13	17
总计		32	68	100

说明：1 表示认可，2 表示否认

最后对受教育程度与响应性再进行交叉分析，由表 3 – 105 可知，100 位受访者中，认同回应性的观点的有 32 人，其中高中及以下学历的有 5 人，大专、本科学历的有 23 人，硕士及以上学历的有 4 人；不认同的共有 68 人，其中高中及以下学历的人数有 8 人，大专、本科学历的有 47 人，硕士及以上学历的有 13 人。对受教育程度和响应性继续进行卡方检验，来判断两者的差异性，如表 3 – 106 所示。

表 3 – 106　受教育程度与响应性卡方测试

	数值	df	渐近显著性（2 端）
皮尔森（Pearson）卡方	0.834[a]	2	0.659
概似比	0.858	2	0.651
线性对线性关联	0.793	1	0.373
有效观察值个数	100		

说明：a 表示 1 数据格（16.7%）预期计数小于 5。预期的计数下限为 4.16。

由表 3 - 106 的受教育程度和回应性的卡方检验可见，在 α = 0.05 前提下，P = 0.659 > 0.05，因此接受原假设 H_0：$u_1 = u_2$，则认为受教育程度和响应性两者之间没有显著性差异。

4. 职业与各维度之间的交叉分析

（1）职业与信息有用性之间的交叉分析

表 3 - 107　职业与信息有用性交叉分析

计数　　　　　　　　　　　　　　　　　　　　　　　　　　　　　单位：人

		信息有用性		总计
		1	2	
职业	国家公务员	1	2	3
	企业工作者	8	6	14
	事业单位工作者	25	30	55
	学生	8	11	19
	其他	6	3	9
总计		48	52	100

说明：1 表示认可，2 表示否认

本研究对职业与信息有用性进行了交叉分析。由表 3 - 107 可知，100 位受访者中，国家公务员有 3 人，其中认同信息有用性的有 1 人，不认同的有 2 人；受访者中企业工作者有 14 人，其中认同信息有用性的有 8 人，不认同的有 30 人；事业单位工作者有 55 人，其中认为信息有用性态度为 1 的共有 25 人，态度为 2 的人数有 6 人；受访者中学生有 19 人，其他职业的有 9 人。因为各职业的受访者人数中比例差距较大，事业单位工作者的受访者最多，所以此种调查结果更偏向于反映他们对信息有用性的观点，本研究再次对两者进行了卡方检验，来判断两者的差异性，如表 3 - 108 所示。

表 3 - 108　职业与信息有用性卡方测试

	数值	df	渐近显著性（2 端）
皮尔森（Pearson）卡方	2.391[a]	4	0.664
概似比	2.417	4	0.660
线性对线性关联	0.172	1	0.678
有效观察值个数	100		

a. 4 数据格（40.0%）预期计数小于 5。预期的计数下限为 1.44。

由表 3 – 108 的职业和信息有用性进行的卡方检验可见，在 α = 0.05 前提下，P = 0.664 > 0.05，因此接受原假设 H₀：u₁ = u₂，则认为职业和信息有用性两者之间没有显著性差异。

（2）职业与用户导向性之间的交叉分析

表 3 – 109　职业与用户导向性交叉分析

计数 单位：人

		用户导向性		总计
		1	2	
职业	国家公务员	0	3	3
	企业工作者	8	6	14
	事业单位工作者	25	30	55
	学生	6	13	19
	其他	3	6	9
总计		42	58	100

说明：1 表示认可，2 表示否认

本研究对职业和用户导向性进行了交叉分析。由表 3 – 109 可知，100 位受访者中，认可用户导向型观点的有 42 人，其中企业工作者 8 人，事业单位工作者 25 人，学生 6 人，其他职业的有 3 人；同时不认可用户导向性观点的有 58 人，其中国家公务员有 3 人，企业工作者有 6 人，事业单位工作者有 30 人，学生有 13 人，其他职业的人数有 6 人。本研究继续对两者进行了卡方检验，来判断职业和用户导向性两者之间的差异性，如表 3 – 110 所示。

表 3 – 110　职业与用户导向性卡方测试

	数值	df	渐近显著性（2 端）
皮尔森（Pearson）卡方	4.884[a]	4	0.299
概似比	5.990	4	0.200
线性对线性关联	0.513	1	0.474
有效观察值个数	100		

说明：a 表示 3 数据格（30.0%）预期计数小于 5。预期的计数下限为 1.26。

由表 3 - 110 的职业和用户导向性进行的卡方检验可见，在 α = 0.05 前提下，P = 0.299 > 0.05，因此接受原假设 H_0：$u_1 = u_2$，则认为职业和用户导向性两者之间没有显著性差异。

（3）职业与隐私、安全性之间的交叉分析

表 3 - 111　职业与隐私/安全性交叉分析

计数　　　　　　　　　　　　　　　　　　　　　　　　　　单位：人

		隐私/安全性		总计
		1	2	
职业	国家公务员	0	3	3
	企业工作者	9	5	14
	事业单位工作者	23	32	55
	学生	5	14	19
	其他	4	5	9
总计		41	59	100

说明：1 表示认可，2 表示否认

本研究对职业和隐私、安全性进行了交叉分析。由表 3 - 111 可知，100 位受访者中，认可隐私、安全性的观点的有 41 人，其中企业工作者为 9 人，事业单位工作者为 23 人，学生有 5 人，其他职业的有 4 人；同时不认同隐私、安全性观点的有 59 人，其中国家公务员有 3 人，企业工作者有 5 人，事业单位工作者有 32 人，学生有 14 人，其他职业的有 5 人。继续对两者进行了卡方检验，来判断职业和隐私、安全性两者之间的差异性，如表 3 - 112 所示。

表 3 - 112　职业与隐私/安全性卡方测试

	数值	df	渐近显著性（2 端）
皮尔森（Pearson）卡方	6.976[a]	4	0.137
概似比	8.090	4	0.088
线性对线性关联	0.462	1	0.497
有效观察值个数	100		

a. 3 数据格（30.0%）预期计数小于 5。预期的计数下限为 1.23。

由表 3 – 112 的职业和隐私、安全性进行的卡方检验可见，在 $\alpha = 0.05$ 前提下，$P = 0.137 > 0.05$，因此接受原假设 H_0：$u_1 = u_2$，则认为职业和隐私、安全性两者之间没有显著性差异。

（4）职业与交易透明性之间的交叉分析

表 3 – 113 职业与交易透明性交叉分析

计数　　　　　　　　　　　　　　　　　　　　　　　　　　　　　　单位：人

		交易透明性		总计
		1	2	
职业	国家公务员	0	3	3
	企业工作者	8	6	14
	事业单位工作者	20	35	55
	学生	5	14	19
	其他	1	8	9
总计		34	66	100

说明：1 表示认可，2 表示否认

最后对职业和交易透明性进行了交叉分析。由表 3 – 113 可知，100 位受访者中，认同交易透明性观点的为 34 人，其中企业工作者为 8 人，事业单位工作者为 20 人，学生有 5 人，其他职业的有 1 人；同时不认同交易透明性观点的有 66 人，其中国家公务员有 3 人，企业工作者有 6 人，事业单位工作者有 35 人，学生有 14 人，其他职业的有 8 人。继续对两者进行了卡方检验，来判断职业和交易透明性两者的差异性，如表 3 – 114 所示。

表 3 – 114 职业与交易透明性卡方测试

	数值	df	渐近显著性（2 端）
皮尔森（Pearson）卡方	7.625[a]	4	0.106
概似比	8.803	4	0.066
线性对线性关联	2.596	1	0.107
有效观察值个数	100		

a. 4 数据格（40.0%）预期计数小于 5。预期的计数下限为 1.02。

由表 3 - 114 的职业和交易透明性进行的卡方检验可见，在 α = 0.05 前提下，P = 0.106 > 0.05，因此接受原假设 H_0：$u_1 = u_2$，则认为职业和交易透明性两者之间没有显著性差异。

5. 使用政府网络频率与各维度之间的交叉分析

（1）使用政府网站频率与技术适用性之间的交叉分析

表 3 - 115　使用政府网站频率与技术适用性交叉分析

计数　　　　　　　　　　　　　　　　　　　　　　　　　　　　　单位：人

		技术适用性		总计
		1	2	
使用政府网站频率	一周两次以上	1	8	9
	一周至少一次	12	22	34
	一月至少一次	29	28	57
总计		42	58	100

说明：1 表示认可，2 表示否认

本研究对使用政府网站的频率和技术适用性进行了交叉分析。由表 3 - 115 可知，使用政府网站频率为一周两次以上的有 9 人，其中认可技术适用性观点的只有 1 人，不认可的有 8 人；使用频率为一周至少一次的有 34 人，其中认可技术适用性观点的有 12 人，的有 22 人；使用频率为一月至少一次的有 57 人，其中对技术适用性观点认可的有 29 人，不认可的有 28 人。继续对两者进行了卡方检验，来判断使用网站频率和技术适用性两者之间的差异性，如表 3 - 116 所示。

表 3 - 116　使用政府网络频率与技术适用性卡方测试

	数值	df	渐近显著性（2 端）
皮尔森（Pearson）卡方	5.997[a]	2	0.050
概似比	6.629	2	0.036
线性对线性关联	5.815	1	0.016
有效观察值个数	100		

a. 1 数据格（16.7%）预期计数小于 5。预期的计数下限为 3.78。

由表 3 - 116 的使用政府网站频率和技术适用性进行的卡方检验可见，在 α = 0.05 前提下，P = 0.05，因此拒绝原假设，接受备择假设 H_1：$u_1 \neq u_2$，则认为使用政府网络频率和技术适用性两者之间有显著性差异。

（2）使用政府网站频率与隐私/安全性之间的交叉分析

表 3 - 117　使用政府网站频率与隐私/安全性交叉分析

计数　　　　　　　　　　　　　　　　　　　　　　　　　　　　　单位：人

		隐私/安全性		总计
		1	2	
使用政府网站频率	一周两次以上	3	6	9
	一周至少一次	11	23	34
	一月至少一次	27	30	57
总计		49	51	100

说明：1 表示认可，2 表示否认

本研究对使用政府网络的频率和隐私/安全性进行了交叉分析。由表 3 - 117 可知，使用政府网站频率为一周两次以上的人数有 9 人，其中认同隐私/安全性观点的有 3 人，不认同的有 6 人；使用频率为一周至少一次的有 34 人，其中认同隐私/安全性观点的有 11 人，不认同的有 23 人；使用频率为一月至少一次的人数有 57 人，其中认同隐私/安全性观点的有 27 人，不认同的有 30 人。对两者进行了卡方检验，来判断使用政府网站频率和隐私/安全性两者的差异性，如表 3 - 118 所示。

表 3 - 118　使用政府网络频率与隐私/安全性卡方测试

	数值	df	渐近显著性（2 端）
皮尔森（Pearson）卡方	2.225[a]	2	0.329
概似比	2.248	2	0.325
线性对线性关联	1.778	1	0.182
有效观察值个数	100		

a. 1 数据格（16.7%）预期计数小于 5。预期的计数下限为 3.69。

由表 3 - 118 的使用政府网络频率和隐私/安全性进行的卡方检验可见，在 α = 0.05 前提下，P = 0.329 > 0.05，因此接受原假设 H_0：$u_1 = u_2$，则认为使用政府网站的频率和隐私、安全性两者之间没有显著性差异。

（3）使用政府网站频率与交易透明性之间的交叉分析

表 3 - 119　使用政府网频率与交易透明性交叉分析

计数　　　　　　　　　　　　　　　　　　　　　　　　　　　　　　　单位：人

		交易透明性		总计
		1	2	
使用政府网站频率	一周两次以上	1	8	9
	一周至少一次	13	21	34
	一月至少一次	20	37	57
总计		34	66	100

说明：1 表示认可，2 表示否认

本研究对使用政府网站的频率和交易透明性进行了交叉分析。由表 3 - 119 可知，使用政府网站频率为一周两次以上的有 9 人，其中认同交易透明性观点的有 1 人，不认同的有 8 人；使用频率为一周至少一次的人数有 34 人，其中认同交易透明性观点的有 13 人，不认同的有 21 人；使用频率为一月至少一次的人数有 57 人，其中认同交易透明性观点的有 20 人，不认同的有 37 人。对两者进行了卡方检验，来判断使用政府网络站频率和交易透明性两者的差异性，如表 3 - 120 所示。

表 3 - 120　使用政府网站频率与交易透明性卡方测试

	数值	df	渐近显著性（2 端）
皮尔森（Pearson）卡方	2.403[a]	2	0.301
概似比	2.824	2	0.244
线性对线性关联	0.738	1	0.390
有效观察值个数	100		

a. 1 数据格（16.7%）预期计数小于 5。预期的计数下限为 3.06。

由表 3 - 120 的使用政府网站频率和交易透明性进行的卡方检验可见，在 $\alpha = 0.05$ 前提下，$P = 0.301 > 0.05$，因此接受原假设 H_0：$u_1 = u_2$，则认为使用政府网站的频率和交易透明性两者之间没有显著性差异。

（4）使用政府网站频率与响应性之间的交叉分析

表 3 – 121　使用政府网站频率与响应性交叉分析

计数　　　　　　　　　　　　　　　　　　　　　　　　　　　　单位：人

		响应性		总计
		1	2	
使用政府网站频率	一周两次以上	1	8	9
	一周至少一次	9	25	34
	一月至少一次	22	35	57
总计		32	68	100

说明：1 表示认可，2 表示否认

最后本研究对使用政府网站的频率和响应性进行了交叉分析。由表 3 – 121 可知，认同回应性观点的有 32 人，其中使用政府网站的频率为一周两次以上有 1 人，频率为一周至少一次的为 9 人，频率为一月至少一次的有 22 人；同时不认同响应性观点的共有 68 人，使用政府网站的频率为一周两次以上的为 8 人，频率为一周至少一次的有 25 人，频率为一月至少一次的有 35 人。本研究对两者进行了卡方检验，来判断使用政府网络频率和响应性两者的相关性，如表 3 – 122 所示。

表 3 – 122　使用政府网站频率与响应性卡方测试

	数值	df	渐近显著性（2 端）
皮尔森（Pearson）卡方	3.422[a]	2	0.181
概似比	3.769	2	0.152
线性对线性关联	3.369	1	0.066
有效观察值个数	100		

a. 1 数据格（16.7%）预期计数小于 5。预期的计数下限为 2.88。

由表 3 – 122 的使用政府网站频率和响应性进行的卡方检验可见，在 $\alpha = 0.05$ 前提下，的 $P = 0.181 > 0.05$，因此接受原假设 H_0：$u_1 = u_2$，则认为使用政府网站的频率和响应性两者之间没有显著性差异。

6. 性别，年龄，受教育程度，职业，使用政府网站频率与整体满意度交叉分析

（1）性别与整体满意度交叉分析

表 3 - 123　性别与整体满意度交叉分析

计数　　　　　　　　　　　　　　　　　　　　　　　　　　　　　　单位：人

		整体满意度		总计
		2	3	
性别	男	7	29	36
	女	12	52	64
总计		19	81	100

说明：2 表示符合期望，3 表示对服务质量满意

本研究对性别和整体满意度进行了交叉分析。由表 3 - 123 可知，100 位受访者中，男性中有 7 人认为网站整体符合期望，29 人对网站服务质量满意；同样，女性中有 12 人认为网站整体符合期望，52 人对网站服务质量满意，而认为需要改进的男女都没有。本研究继续对年龄进行了卡方检验，来判断两者的相关性，如表 3 - 124 所示。

表 3 - 124　性别与整体满意度卡方测试

	数值	df	渐近显著性（2 端）	精确显著性（2 端）	精确显著性（1 端）
皮尔森（Pearson）卡方	0.007ᵃ	1	0.932		
持续更正ᵇ	0.000	1	1.000		
概似比	0.007	1	0.932		
费雪（Fisher）确切检定				1.000	0.565
线性对线性关联	0.007	1	0.933		
有效观察值个数	100				

说明：a 表示 0 数据格（0.0%）预期计数小于 5。预期的计数下限为 6.84。b 表示只针对 2x2 表格进行计算。

由表 3 - 124 性别和整体满意度的卡方检验看出，在 $\alpha = 0.05$ 前提下，$P = 0.932 > 0.05$，因此接受原假设 H_0：$u_1 = u_2$，则认为两者没有显著差异。

（2）年龄与整体满意度交叉分析

表 3 – 125　年龄与整体满意度交叉分析

计数　　　　　　　　　　　　　　　　　　　　　　　　　　单位：人

		整体满意度		总计
		2	3	
年龄	25 岁以下	1	12	13
	25 ~ 44 岁	9	42	51
	45 岁及以上	9	27	36
总计		19	81	100

说明：2 表示符合期望，3 表示对服务质量满意

本研究对年龄和整体满意度进行了交叉分析。由表 3 – 125 可知，100
位受访者中，25 岁以下的有 13 人，其中认为网站整体符合期望的有 1 人，
对服务质量满意的有 12 人；25 ~ 44 岁的受访者共有 51 人，其中认为网站
整体符合期望的有 9 人，对服务质量满意的有 42 人，人数较多；45 岁及以
上的受访者有 36 人，其中整体符合期望的有 9 人，对服务质量满意的有 27
人。而认为需要改进的所有年龄段都没有，继续对两者进行了卡方检验，
来判断两者的差异性，如表 3 – 126 所示。

表 3 – 126　年龄与整体满意度卡方测试

	数值	df	渐近显著性（2 端）
皮尔森（Pearson）卡方	1.983[a]	2	0.371
概似比	2.174	2	0.337
线性对线性关联	1.939	1	0.164
有效观察值个数	100		

a. 1 数据格（16.7%）预期计数小于 5。预期的计数下限为 2.47。

由表 3 – 126 的年龄和整体满意度的卡方检验可见，在 $\alpha = 0.05$ 前提下，
$P = 0.371 > 0.05$，因此接受原假设 H_0：$u_1 = u_2$，则认为年龄和整体满意度
两者之间没有显著性差异。

（3）受教育程度与整体满意度交叉分析

表 3 – 127　受教育程度与整体满意度交叉分析

计数　　　　　　　　　　　　　　　　　　　　　　　　　　　　单位：人

		整体满意度		总计
		2	3	
受教育程度	高中及以下	1	12	13
	大专、本科	16	54	70
	硕士及以上	2	15	17
总计		19	81	100

说明：2 表示符合期望，3 表示对服务质量满意

　　本研究对受教育程度和整体满意度进行了交叉分析。由表 3 – 127 可知，100 位受访者中，高中及以下学历的人有 13 人，其中认为网站整体符合期望的有 1 人，对服务质量满意的有 12 人；同时，学历为大专、本科的受访者有 70 人，其中认为网站整体符合期望的有 16 人，对服务质量满意的有 54 人；学历是硕士及以上的受访者有 17 人，其中认为网站整体符合期望的有 2 人，对服务质量满意的有 15 人。而认为需要改进的所有学历者都没有，因为各类学历的受访者人数比例差距较大，所以此次调查结果不大具有代表性，进而继续对两者进行了卡方检验，来判断两者的差异性，如表 3 – 128 所示。

表 3 – 128　受教育程度与整体满意度卡方测试

	数值	df	渐近显著性（2 端）
皮尔森（Pearson）卡方	2.335[a]	2	0.311
概似比	2.622	2	0.270
线性对线性关联	0.012	1	0.911
有效观察值个数	100		

a. 2 数据格（33.3%）预期计数小于 5。预期的计数下限为 2.47。

　　由表 3 – 128 的受教育程度和整体满意度的卡方检验可见，在 $\alpha = 0.05$ 前提下，$P = 0.311 > 0.05$，因此接受原假设 $H_0：u_1 = u_2$，则认为受教育程度和整体满意度两者之间没有显著性差异。

（4）职业与整体满意度交叉分析

表 3 – 129　职业与整体满意度交叉分析

计数				单位：人
		整体满意度		总计
		2	3	
职业	国家公务员	0	3	3
	企业工作者	2	12	14
	事业单位工作者	13	42	55
	学生	4	15	19
	其他	0	9	9
总计		19	81	100

说明：2 表示符合期望，3 表示对服务质量满意

本研究对职业和整体满意度进行了交叉分析。由表 3 – 129 可知，100 位受访者中，国家公务员有 3 人，其中对服务质量满意有 3 人；企业工作者有 14 人，其中认为网站整体符合期望的有 2 人，对服务质量满意的有 12 人；事业单位工作者有 55 人，其中认为网站整体符合期望的共有 13 人，对服务质量满意的有 42 人；学生有 19 人，其中认为网站整体符合期望的共有 4 人，对服务质量满意的有 15 人；其他职业的有 9 人，全部对服务质量满意。因为各职业的受访者人数比例差距较大，事业单位的受访者最多，所以此种调查结果更偏向于反映他们对网站质量的观点，再次对两者进行了卡方检验，来判断两者的差异性，如表 3 – 130 所示。

表 3 – 130　职业与整体满意度卡方测试

	数值	df	渐近显著性（2 端）
皮尔森（Pearson）卡方	3.837[a]	4	0.428
概似比	6.051	4	0.195
线性对线性关联	0.125	1	0.724
有效观察值个数	100		

a. 5 数据格（50.0%）预期计数小于 5。预期的计数下限为 .57。

由表 3 – 130 的职业和整体满意度进行的卡方检验可见，在 $\alpha = 0.05$ 前提下，$P = 0.428 > 0.05$，因此接受原假设 H_0：$u_1 = u_2$，则认为职业和整体

满意度两者之间没有显著性。

（5）使用政府网站频率与整体满意度交叉分析

表 3 – 131　使用政府网站频率与整体满意度交叉分析

计数　　　　　　　　　　　　　　　　　　　　　　　　　　　　　　　　　　单位：人

		整体满意度		总计
		2	3	
使用政府网站频率	一周两次以上	0	9	9
	一周至少一次	8	26	34
	一月至少一次	11	46	57
总计		19	81	100

说明：2 表示符合期望，3 表示对服务质量满意

　　本研究对使用政府网络的频率和整体满意度进行了交叉分析。由表 3 – 131 可知，使用政府网站频率为一周两次以上的有 9 人，其中认为网站整体符合期望人的没有，对服务质量满意的有 9 人；使用频率为一周至少一次的有 34 人，其中认为网站整体符合期望的有 8 人，对服务质量满意的有 26 人；使用频率为一月至少一次的有 57 人，其中认为网站整体符合期望的有 11 人，对服务质量满意的有 46 人。本研究继续对两者进行了卡方检验，来判断使用网络频率和整体满意度两者的差异性，如表 3 – 132 所示。

表 3 – 132　使用政府网站频率与整体满意度卡方测试

	数值	df	渐近显著性（2 端）
皮尔森（Pearson）卡方	2.568[a]	2	0.277
概似比	4.225	2	0.121
线性对线性关联	0.529	1	0.467
有效观察值个数	100		

　　a. 1 数据格（16.7%）预期计数小于 5。预期的计数下限为 1.71。

　　由表 3 – 132 的使用政府网络频率和整体满意度进行的卡方检验可见，在 $\alpha = 0.05$ 前提下，$P = 0.277 > 0.05$，因此接受原假设 $H_0 : u_1 = u_2$，则认为使用政府网站的频率和整体满意度两者之间没有显著性。交叉分析结果总结见表 3 – 133。

表 3 – 133 交叉分析结果总结

序号（1）	（2）	（3）	结果（4）
1	性别	信息有用性	无显著性差异
2	性别	技术适用性	无显著性差异
3	性别	隐私/安全性	无显著性差异
4	年龄	隐私/安全性	无显著性差异
5	年龄	用户导向性	无显著性差异
6	年龄	技术适用性	有显著性差异
7	年龄	响应性	无显著性差异
8	受教育程度	信息有用性	无显著性差异
9	受教育程度	技术适用性	无显著性差异
10	受教育程度	交易透明性	无显著性差异
11	受教育程度	响应性	无显著性差异
12	职业	信息有用性	无显著性差异
13	职业	隐私/安全性	无显著性差异
14	职业	交易透明性	无显著性差异
15	职业	用户导向性	无显著性差异
16	使用政府网站频率	技术适用性	有显著性差异
17	使用政府网站频率	隐私/安全性	无显著性差异
18	使用政府网站频率	交易透明性	无显著性差异
19	使用政府网站频率	响应性	无显著性差异
20	性别	整体满意度	无显著性差异
21	年龄	整体满意度	无显著性差异
22	受教育程度	整体满意度	无显著性差异
23	职业	整体满意度	无显著性差异
24	使用政府网站频率	整体满意度	无显著性差异

由表 3 – 133 可以看出，在性别、年龄、受教育程度、职业，使用政府网站的频率与六大维度之间，并无太多的差异性，只有在技术适用性方面，年龄和使用政府网站的频率方面存在显著差异性，由此可以分析出，年龄偏大者和现在年轻一代对网站的接受能力不同，所以存在差异。而在

使用政府网站频率上存在差异，分析可能是上网频率差异，造成对网站熟悉度不同。由此说明 ZK 市人力资源可能和社会保障局网站整体符合民众期望。在由整体满意度和性别、年龄、职业等交叉分析可以得出，公众对网站的整体满意度没有差异，也就说明 ZK 市人力资源和社会保障局政府网站 G2C 符合大多数公众的期待。不足之处，可以在日后网站建设中，重点弥补。

七　重要度绩效分析

（一）重要度绩效分析法

重要度绩效，即 IPA，该分析法指的是对重要性与满意度进行分析的一种方法，1977 年首次被 Martilla 在其市场组合理论中进行阐述，之后被广泛地应用于教育、旅游以及服务质量评价等研究领域，是一种常用的顾客满意度调查法（陈珍怀，2013）。

IPA 分析模式可以用二维矩阵予以表示，按照重要性与满意度两者的总平均值进行分隔，分为 4 个象限：①将其中满意度与重要性都高的划分为第 1 象限，称之为优势区；②将满意度高、重要性低的划分为第 2 象限，称之为维持区；③将满意度与重要性均低的划分为第 3 象限，称之为改进区；④将满意度低但重要性高的划分为第 4 象限，称之为弱势区，属于应加强优化的因素（郝军龙、贾文彤、齐文华、刘惠芳，2010）。（见图 3 - 14）。

依据 IPA 分析法对 ZK 市人力资源和社会保障局居民满意度进行测评的具体操作步骤：

（1）构建一套合理的 ZK 市人力资源和社会保障局政务网站质量满意度测评指标体系，并通过与具体情况的结合，设计问卷。

（2）问卷的发放与回收，要求被调查对象按照自身实际情况对问卷涉及的各项指标予以有效的回答。

（3）建立以指标的表现性与重要性分别为纵、横轴的 IPA 坐标系；将指标的重要性与表现性所得分值作为坐标值，并按照问卷回收情况在坐标系中予以标注。

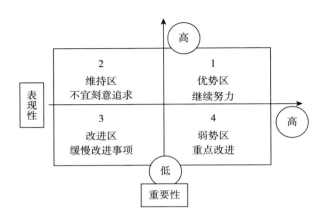

图 3 – 14　IPA 分析模型分区

资料来源：郝军龙、贾文彤等《我国农村体育公共服务政策研究》，2010。

（4）用等级中点对坐标空间进行分割，以分割后的象限组成 IPA 方格图。

（二）指标体系的构建与分析

在 ZK 市人力资源和社会保障局的满意度测评指标体系构建过程中，并不是评价指标选择得越多所获得的评价结果越客观。反之，指标越繁杂，越有可能导致指标的重复选择，从而对评价结果的客观性造成相应影响（Martila. J. A.，1978）。所以，为保障评价的权威性、科学性以及效率性，本研究在 ZK 市人力资源和社会保障局的满意度测评指标体系的构建过程中严格遵守下述评价原则：①系统性；②可行性；③主客观相结合；④科学性；⑤定性和定量分析结合（程溪苹、孙虎，2012）。

根据表 3 – 20 所构建的专家对 ZK 市人力资源和社会保障局网站满意度评价指标体系以及依照表 3 – 20 所设计的专家调研问卷，对 ZK 市人力资源与社会保障局网站满意度进行实地调研，按照 IPA 资料分析的具体步骤统计、分析得到 ZK 市人力资源和社会保障局政务网站满意度 IPA 方格图（见图 3 – 15）。

根据表 3 – 19 算出专家权重的平均分值为 0.055，根据表 3 – 21 算出专家满意度平均分值为 4.37（见表 3 – 134）。

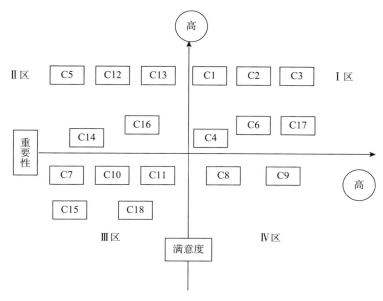

图 3 – 15　ZK 市人力资源管理与社会保障局专家 IPA 分析结果

说明：图中各数值对应表 3 – 15 中各指标代码。

表 3 – 134　专家对 ZK 市人力资源和社会保障局网站各项指标评分及满意度

专家权重评分	评价指标	专家满意度
0.181	C1 人力资源和社会保障局主动公开	4.83
0.115	C2 依申请公开	4.83
0.073	C3 规范与监督	4.67
0.089	C4 办事服务指南	4.83
0.030	C5 业务咨询	4.84
0.057	C6 申报审批	4.83
0.034	C7 部门协同	3.82
0.056	C8 领导信箱	4.00
0.056	C9 民主监督	4.00
0.039	C10 交流论坛	3.83
0.039	C11 参与管理	3.00
0.019	C12 基本设计	4.50
0.021	C13 导航搜索	4.67
0.043	C14 安全隐私	5.00

专家权重评分	评价指标	专家满意度
0.027	C15 网站维护	3.83
0.010	C16 相关链接	4.50
0.073	C17 网站速度	5.00
0.037	C18 网站健康指数	3.67
0.055	总平均分数	4.37

落在Ⅰ区的指标有 C1 人力资源和社会保障局主动公开、C2 依申请公开、C3 规范与监督、C4 办事服务指南、C6 申报审批、C17 网站速度 6 项，表明专家对 ZK 市人力资源和社会保障局政务网站 G2C 这六项指标比较认可与满意，且其重要性高但还应不断努力。该类因素的发展思路为：基于目前水平，不断加以提高，努力供给与 ZK 市人力资源和社会保障局政府网站 G2C 更加相符的服务。

落在Ⅱ区的指标有 C5 业务咨询、C12 基本设计、C13 导航搜索、C14 安全隐私、C16 相关链接 5 项指标，即链接专家对 ZK 市人力资源和社会保障局上述 5 项指标的满意度高、但其重要性低，属于不宜刻意追求但应高度关注的类型要素。其发展思路为：以维持目前状态与规模为主，适度减少对上述 5 项指标财力、人力以及物力的投入。

位于Ⅲ区的指标有 C7 部门协同、C10 交流论坛、C11 参与管理、C15 网站维护、C18 网站健康指数 5 项指标，表明专家对周口市人力资源和社会保障局上述 5 项指标满意度不高且其重要性低，隶属低优先事项因素。它的发展思路为：加大对这类指标的重视，通过资金投入的增加，确保在短期内对这些方面的服务进行优化。

位于Ⅳ区的指标有 C8 领导信箱、C9 民主监督 2 项指标，表明专家对 ZK 市人力资源和社会保障局上过 2 个指标满意度不高但其重要性高，属于重点改进类因素，是目前 ZK 市人力资源和社会保障局应最先解决的问题。其发展思路为：加大对这 2 项指标的物力以及人力的投入，并设置专人定期对 ZK 市人力资源和社会保障局这两项升级，确保公众能够更好地增加民主监督和提升对领导信箱的满意度。要加强 ZK 市人力资源和社会保障局政府网站 G2C 的开发，以为公众服务为原则，推动公众积极参与。同时不断普及民众监测，使所有居民能了解到该局带来的服务。

八 本章小结

本书综合运用了多种研究方法，主要包括网站内容分析法、德尔菲分析法、IPA 分析法、问卷调查法、统计学分析法。同时，本章还对研究的技术路线进行了分析，本章主要围绕"专家访谈—指标体系确立—综合评价模型设计—实证研究—结论"的研究思路和途径开展研究。对四个城市进行满意度对比，选出专家和公众满意度最高的城市进行 IPA 分析和交叉分析，得出最后的结论，使专家权重得到了验证。

第四章　我国 G2C 电子化政府评估模式研究的结论与建议

目前来看，各先进国家纷纷利用信息科技建设高效能的电子化政府，以期能够借此大幅提升国家竞争力。通过本研究的整理分析我们知道目前世界各国对于电子化政府的推动成效之评估所使用的指标，不外乎上网人数、公众使用政府网站百分比、在线申办业务项目、申报审批、个人隐私，安全等。这些被广泛使用的指标，虽然具有可数量化与容易比较之优点，但是在这强调顾客导向之时代里，民众的肯定与满意度仍然是电子化政府推动成效之最主要评估指标。本研究乃基于这样的理念进行探讨，首先根据文献理论与实证之结果，建构一个衡量政府网站服务质量之模式，希望了解 ZK 市人力资源和社会保障局政务网站目前便民服务工作概况，改善的方向、项目，找出影响民众满意程度的关键因素，并探讨不同属性的公众对于政务市人力资源和社会保障局网站之服务质量的重视程度与满意程度间有无差异。并据此 ZK 市人力资源和社会保障局提出如何提升政务网站为民服务之工作质量以及民众满意程度之策略建议。

一　研究结论

依据第四章资料分析的结果，按照研究架构各个构面，本研究进行结果的论述，并分别从基本交叉分析中对研究构面说明与比较，提出结论与建议。

（1）研究结果发现，公众的人口属性与特征会影响其对 ZK 市人力资源和社会保障局政务网站各项服务构面因素之满意度及看法，除了技术适用性问题以外，其余的属性如信息有用性，隐私/安全及用户导向性、响应性、交易透明性与民众之满意度皆无显著差异，可见在民众心目中对技术适用性有其个别化的认知。而在网站其他服务品质的看法上，民众性别、年龄、教育程度、职业、使用政府网站频率对 ZK 市人力资源和社会保障局政务网站服务质量满意程度之评价没有产生差异。也就是说，年龄和使用政府网站频率上民众对的满意度差异。年龄方面本研究分析指出，现在年轻人使用网络时间比较长，对网站的技术性使用比较熟悉，而年龄相对较大的，对网络接触比较少，接受新事物比较慢，所以难以操作，也就造成了年龄方面和技术适用性方面不同年龄段有显著性差异。而使用政府网站频率和技术适用性方面有显著性差异，本研究分析指出，使用频率的多少，造成了用户对网站熟悉的程度，所以也造成了使用政府网站频率与技术适用性问题的显著差异。另外 ZK 市人力资源和社会保障局政务网站整体服务质量与整体满意水平间存在正相关，服务质量越高，民众满意程度就越高。

（2）本研究汇集整合了文献中对一般电子政务网站的评鉴指标，设计了针对人力资源形态的电子政务网站评价的大众问卷，对 ZK、B、C、D 四个城市政务网站进行评价，得分结果 ZK > D > B > C（见表 3 - 84）。从公众满意度能看出 ZK、D 的满意度都高于 B、C 两个城市。又从网站实证分析中得出了 ZK、D 高于 B、C 两个城市。经过分析，发现 ZK 和 D 两个城市的信息有用性、技术适用性、安全/隐私等各个方面，都做得符合专家权重标准，网页简洁大方美观，信息公开全面，清楚，链接速度快，操作方便，内容完整，安全性高，没有垃圾广告，给公众一种安全信任感，操作舒适感。从而得到公众认可，满意度高。而 B、C 两个城市的网站，网速很慢，内容不清晰，很多链接无法打开，内容不完整，信息公开不完整更新慢，公众无法正常和网站交流，不能正常简单操作，缺少安全感，信任感，舒适感。所以不能得到公众的认可，故满意度较低。

（3）在目前文献中没有专门针对人力资源专业的 G2C 网站评价指标情况下，本研究通过专家访谈汇整出人力资源形态的电子政务网站（G2C）评价的关键指标，这些指标与文献中的指标有所不同，文献中的指标，是针对所有的政府网站的测评，比较大众化，容易理解。而对专家访谈中获得的指标，对人力资源和社会保障局，更有针对性。因为人力资源和社会保障局，在所有政府部门中，最贴近公众的生活，如大学生的就业问题，各种资格考试，人事档案的管理，养老社会保险等，都是关于公众切身利益的。所以网站的主动公开，依申请公开，规范监督，申报审批，表格安全下载，就体现得比较重要。特别是公告公示，和公众切身利益相关信息方面，关乎大学生就业，招聘，公务员报考，养老社会保险金查询和去向。所以本研究和既往文献中的指标有所不同，更具有针对性。

（4）利用在专家访谈中获得的指标，再进一步利用层级分析法（AHP）找出这些指标的权重，提供政府在人力资源形态的 G2C 网站设计与规划上的参考。从专家的权重的顺序，得到人力资源和社会保障局政务网站G2C 最重要的五个二级指标，分别是人力资源和社会保障局的主动公开，依申请公开，规范监督，办事服务指南，申报审批。对民众进行了随机的访谈，民众认可这个顺序。对于为什么感觉这 5 项比较重要，大多数人表示：①有了及时更新的政策法规信息，才能更好更早地了解国家的政策法规动态，及时跟着政策法规走，才能更好地保证自身的切身利益。公告公示的及时更新，有助于公众了解最新招聘信息，考试信息，人力资源和社会保障各方面的最新信息。②对于以前需公众亲自到人力资源和社会保障局办理的业务，政府部门可以在线受理而且能更快地得到回馈，方便了公众，也节省了公众的时间。③有了好的规范监督，公众能随时查询自己缴纳的养老保险，更清楚自己的养老保险金的去向，心里更踏实。④现在科技日新月异，有的时候会让人无所适从，网站的服务指南会让操作更简单，更方便，更快捷，对于一些年龄大的公众，他们可以进行人性化导航服务，确实让人感到贴心，民众使用也方便，让民众感到满意度加强。⑤在没有互联网的时代，对于民众来说最麻烦的就是各种业务的申报审批，每天往返于各政府部门，还不一定能通过。现在，几乎不用出家门，在家就能对各种业务随时提出申请。比如，公务员考试，只要上传相应的数据，很快就能得到审批的结果。这项功能大大节省了公众与人力资源和社会保障局工作人员的时间与精力。从公众的访谈中，本研究得到了与专家评价相同的结果，即这 5 项指标，在人力资源和社会保障局是比较重要的。所以，专家权重指标得到了验证。

（5）在上述第 2 点（专家访谈）获得的指标，再进一步让受访专家来进行四个城市的网站评价，得到结果 ZK > D > B > C（见表 3 - 21）。而公众满意度与专家满意度基本相同，有些许的差异，公众的满意度 B 市高于 C 市，而专家的满意度 C 市高于 B 市。根据本研究分析，专家更具有客观性，专家对 C 市人力资源和社会保障局满意度高于 B 市的原因，是 C 市的人力资源和社会保障局政府网站正在升级更新所以很多指标无法使用。而 B 市人力资源和社会保障局政务网站没有做任何说明，也是很多指标无法使用。对于公众来说，网站不具备专业性，存在主观意识，但 B 市人力资源和社会保障局政务网站满意度高于 C 市。更具有随机性。所以不做说明。

（6）上述公众满意度与专家满意度得到的评价结果大致上相同，都是 ZK 市满意度最高，D 市满意度次之，代表大众的认知在某种程度上也支撑了专家的认知。本研究对公众和专家发放了不同标准的问卷，同时对四个城市进行了满意度的评价。得到结果是基本一致的，满意度最高的都是 ZK 市，可见专家访谈得出的指标是具有代表性和正确性的。

以上述结论为基础，本研究以满意度最高的 ZK 市为例，利用 IPA 矩阵进一步分析 ZK 市人力资源专业的 G2C 网站，提出哪些评价指针所对应的服务质量需要维持、调整以及改善，以追求达到更好的服务质量，提升民众对该 G2C 网站的满意度。

二　研究成果

（1）针对文献中较少被讨论的人力资源形态 G2C 网站，本研究进行了四个城市的民众使用满意度调查，并且得到了准确的结果。

（2）本研究利用德尔菲法构建了 G2C 人社局网站评比指标

（3）借由大众满意度问卷来验证其正确性。IPA 矩阵中我们研究了 ZK 市人社局网站现关。IPA 研究结果（见图 3-15）显示，领导信箱、民主监督这 2 项指标，表明专家对 ZK 市人力资源局社会保障局上述两个方面重要性高，但是其满意度不高，属于重点改进类因素，是目前 ZK 市人力资源和社会保障局应首先要解决的问题。而业务咨询、基本设计、导航搜索、安全/隐私、相关链接 5 项指标，即专家对 ZK 市人力资源和社会保障局上述 5 项指标的满意度高但其重要性低，隶属不宜刻意追求但应高度关注的类型要素。其发展思路为：以维持目前状态与规模为主，适度减少对上述 5 项指标财力、人力以及物力的投入。

三　研究建议

（一）信息有用性方面

正所谓"内容最重"，因此，要促进信息有用性的提升，应尽可能提供有用的信息、提供完整的信息、时常更新网站的信息内容、提供丰富的信息。除了上列原则，若能避免"信息超载"，依照用户特性，主动提供个性化信息，才是最能够吸引使用者的。年轻人最喜欢的是新奇、有趣的事物，在网页有用性里，可以提供有趣的内容以及提供多媒体影音。例如，人力资源社会保障局制作的一些操作指南或者政策宣传的视频。该网站鼓励网友们自制影片，增加趣味性，直观性，即网友们认为有正能量，有趣味性，更为直观，而易被公众接受的内容可以更多地为网站转发与链接。在促进视觉外观质量方面，建议采用图形化接口的设计方式，以及增加画面的美观性，由于图形化接口能够让用户更为直观的使用网站，因此图形化接口的采用，能够促进使用者满意度提高。

（二）技术适用性方面

在技术的部分，网站内容或功能可以由行动装置做链接，这是最吸引使用者的。由于现代社会与科技的进步，如今已经是人手一机，网站若能提供与行动装置链接，扩大延伸提供功能及服务的范围，将能快速提升使用者满意度。而其他技术的运用上，包含网站必须稳定、网页的响应速度应加快、搜寻的精确度要提升，以及由于近期许多新浏览器的产生，使用者对于能够适用多种不同的浏览器的需求也同样提升。让网站更易于使用的要素主要为提供简单易用的使用界面。另外，也可通过提供本土语言来使网站更具亲和力，让使用者的使用障碍更低。在提升使用者的便利性方面，尽管大多数网友认为提供专门软件、内容输入/输出以及混搭功能服务并不会影响其满意度，但仍有部分网友认为其能有效提升满意度，因此可加以考虑。

（三）隐私/安全方面

网络信息安全问题层出不穷，使互联网使用者不免有些疑虑，而人力资源和社会保障局以使用公众为中心的概念，让使用者对于网站中的安全性及隐私更为重视。而且个人信息的安全与否，乃是影响民众满意程度的重要因素之一。加上目前网络黑客攻击与数据窃取事件频发，电子化政府又是通过网络提供各种服务，民众对信息安全保护措施缺乏信心将是推动电子化政务网站服务的一大阻碍。政府除了应加强倡导网络服务的安全与私密性之外，亦应着手加强信息安全管理，落实电子化政府对民众提供个人化服务时隐私权的保护。网站应加强信息安全的措施与倡导，如隐私权保护政策及数据加密机制、公布信任标章等，以加强使用者的使用信心。

（四） 响应性互动方面

在服务质量方面，除了提供实时服务外，对于使用者的服务响应快速，也会带来使用者的满意度快速提升。在用户认知的回馈质量当中，促进用户满意度提升的是利益回馈，尽管大部分的使用者认为有没有此项服务并无差异，但仍有部分使用者认为其相当有魅力，建议可设立回馈机制，促进使用者获得自身利益的回馈。比如在网站问题解决中，对能提出中肯意见者，给予一定的金钱回馈，或者给予知名度的提升。使用者分享为人力资源和社会保障局网站的特性，许多网站成功案例，皆是让使用者能够分享其内容，包含文字，如档案、影音、照片等，还可提升用户分享质量。在提升使用者的互动性方面，网站可经由公众服务，让网友在网站上找到同好，而对网站上产生黏性，以及让网友能够协同合作完成特定工作或内容的功能，或是提供网友间互相评论交流的机制与平台。特别是在领导信箱和民主监督等方面应加大物力、人力的投入，并设置专人定期对 ZK 市人力资源和社会保障局的这两项指标升级，确保公众能够更好地进行民主监督和提升对领导信箱的满意度。要加强对 ZK 市人力资源和社会保障局政务网站 G2C 的开发，以为公众服务为原则，推动公众积极参与。

（五） 人力资源和社会保障局的宣传工作

本研究在调查过程中发现，很多民众都本知道人力资源和社会保障局政务网站究竟提供哪些服务以及详细内容，也未能多加利用，显示民众对电子化政府的认知仍然不足，ZK 市人力资源和社会保障局电子化政府的推广仍有待加强。要不断普及民众监测，使所有居民能了解到该局带来的服务。具体做法如下。

（1）制作宣传单或小册子

设计 ZK 市人力资源和社会保障局电子化政府服务宣传单或折页小册子，对 ZK 市人力资源和社会保障局政务网站的特点、各业务功能、操作方式等做一清楚的介绍与说明，并让民众够能熟悉政务网站各种业务功能与使用方式，并将此宣传品置于各区公共场所，让大众自行取阅或派人发送传单。

（2）通过平面媒体及电视媒体加以宣传

除了在公共场所进行宣传单或折页小册子发送外，亦可通过报纸杂志、电视或广播媒体等，进行 ZK 市人力资源和社会保障局电子化政府的推广与宣传，或于公交车站、公交车上张贴大型广告，并配合举办大众参与的活动，例如命名、抽奖、有奖征答等方式，提高民众了解与参与的兴趣，并增加公共信息服务站曝光的机会。亦可在节假日时举办大型的推广活动，借机介绍给市民认识，让民众了解电子化政府的功能与目的，进而提高使用率。

（3）针对不同的群体进行多元化的营销策略

ZK 市人力资源和社会保障局服务对象为全 ZK 市市民，因此就推广而言，可针对不同的使用群体使用多元的营销策略。例如对学生群体，可配合学校的就业课程对 ZK 市人力资源和社会保障局政务网站的功用与内容，在作业中提出一些相关的问题，增加学生的使用率，进而达到推广的目的。亦可与不同的机构、单位，举办一系列与当地相关的推广活动，以吸引民众来使用。人力资源和社会保障局政务网站的设置目的是落实便民、服务、效率的施政理念，因此使用者的使用意见为 ZK 市人力资源和社会保障局政务网站未来改进服务的重要依据。相关政务网站亦可在系统内提供"在线意见反映"或"各项满意程度调查"，让民众使用结束后即可马上将意见传达给其负责的业务部门，加快使用者意见的传递。对于较少接触网络服务的民众（如老人等），除了提供在条件允许的情况下，增进其使用网络的能力以外，也要和政府其他部门比如劳动局等互相配合，更须提供传统的咨询管道（如电话咨询服务），民众使用一旦发生问题，便能得到快速实时的解答。

四　研究不足

（1）本研究在研究对象的挑选上，以人口大省——河南省为例。基于人力与时间的考虑，本研究挑选了河南省四个人口数较多的城市来强化其样本代表性。在此条件下得出的结果，自然有其限制性，不能推及全国各省份的各级人力资源局的 G2C 网站评价。在研究过程中，有公众反映，调查问卷的内容信息量太大，填写时需要时间，在问卷设计上还需要改进。

（2）在本研究中的电子政务 G2C 网站评价过程，笔者需要与政府部门进行洽谈或对其高管进行访谈；由于部分访谈主题或内容攸关政策与经费等较为敏感议题，即便在已告知是匿名访谈的前提下，受访者往往还是要求避谈此类问题或轻描淡写。实际上，人力资源和社会保障局政务网站 G2C 的研究是一项烦杂课题，有赖于完善的研究工具与严谨的研究设计支持。公众满意度的影响作用是一连续变化的过程，仅仅在独立的几个因素维度之间进行配对研究难以真实反映相关要素的变化过程，特别是在建立公众满意度问卷后未能进一步开放性研究，不能更好地说明应用型。因此，在未来需要从多个层面建立开放性测量依据，才能获得更为准确的相关结果。

（3）本研究中的技术适用性与年龄，使用政府网站频率之间交叉分析有差异性。这就需要从更广的层面进行研究和构建模型，在未来的研究中，需要通过更加严密的研究方法设计，更深入地调研和实践，对相关因素变量做更精确的测量，以便获得更好的结果。

五　后续研究

本书将研究视角定为人力资源和社会保障局 G2C，并没有与其他政府网站进行比较，建议后续类似的研究，在人力、财力、时间等条件充足的情况下，可以增加较多的 G2C 人力资源和社会保障部门的网站评比内容，或将研究范围扩大到全省或全国，有待日后进一步的分析研究。

本研究发现，影响人力资源和社会保障局 G2C 发展的因素很多，将其有效地界定是理论界和实践界的任务，而本研究受到知识，调研，精力等相关因素的限制，未能逐一进行论证和界定，政府网站 G2C 的信息有用性问题，技术适用性问题，隐私，安全性问题，用户导向性问题，交易透明性问题，响应性问题有待进一步研究和发掘。特别是专家学者文献提出的一些继续研究的意见，诸如如何提高民众的满意度，如何更好地融入民众，提高民众参与度等内容，将在今后的研究中逐步推进和落实。在信息科技发展日新月异的形势下，政府部门设立自己的门户网站进行在线办公已成趋势，本研究内容未涉及网站应用范围的讨论。对于后续类似主题的研究可以结合政府项目来提高受访者的配合度。

六　结语

总而言之，各国推动电子化政府的例子告诉我们，当政府利用科技手段拉近其与民众的距离时，政府将会得到正面的效益。政府之所以存在是因为必须提供具有公共性质的服务，政府的一切施政应以民意为准，政府乃是为民服务的机器。而政府机关中所提供公共服务的行政人员也可說是人民的公仆，目的在使民众享有更完善的服务。

人们处在快速变动的新时代，政府服务的层面也因此不断地扩张。为提升民众对政府服务满意程度，政府必须增进行政效率，加上现代民众对政府行政效率的要求也逐渐提升，因此政府应加强着手规划与民众生活息息相关的服务，简化其作业流程。并且将作业范围扩及深入民众经常出入的场所，彰显其便民、为民的用心。现阶段除了加强电子化政府的规划设计与实践推行外，随时了解民众需求、体察民意亦是永远不可停下来的工作。

参考文献

安祥茜：《基于 RFM 模型的 C2C 环境下顾客价值识别研究》，西南财经大学硕士学位论文，2012。

白学英：《基于技术接受视角的政府门户网站公众满意度调查研究》，《2016智能城市与信息化建设国际学术交流研讨会论文集Ⅲ》，2016。

白云笑：《我国电子政务信息共享模式研究》，郑州大学硕士学位论文，2015。

才世杰、夏义堃：《发达国家开放政府数据战略的比较分析》，《电子政务》2015 年第 7 期。

蔡晶波：《政府网站的服务性评估指标体系研究》，吉林大学博士学位论文，2013。

蔡立辉：《解读当前电子政务发展新形势》，《信息化建设》2008 年第 11 期。

蔡贤涛：《基于 Struts 的电子政务系统模型及其应用研究》，华中科技大学硕士学位论文，2005。

曾星媛：《基于电子政务的政府业务流程再造研究》，《情报探索》2007 年第 7 期。

陈纪君：《台湾地方政府入口网站课责机制与成效之研究》，国立台北大学未出版博士论文，2013。

陈春梅：《基于 SERVQUAL5 + 3 模型和层次分析法的供电服务质量综合评价与分析》，《科技创新与应用》2013 年第 10 期。

陈果：《服务型政府构建中的电子政务》，《国家行政学院学报》2008 年第 1 期。

陈立松：《我国电子政务的发展现状和趋势研究》，《信息系统工程》2011 年第 3 期。

陈明亮：《中国电子政务建设模式和政府流程再造探讨》，《浙江大学学报》

（人文社会科学版）2003 年第 4 期。

陈明亮、徐继升：《政府电子服务使用意向决定因素实证研究——以企业网上纳税系统为例》，《管理工程学报》2008 年第 4 期。

陈珍怀：《基于 IPA 分析法的体育公共服务满意度评价模型——以成都市为例》，《南京体育学院学报》（自然科学版）2013 年第 3 期。

陈争艳：《以在线办事与公众参与为核心建设政府网站》，《电子政务》2007年第 12 期。

程倩：《论政府信任关系的历史类型》，中国人民大学博士学位论文，2006。

程文彬：《数字化城市小区服务平台的设计与实现》，电子科技大学硕士学位论文 2006。

程溪苹、孙虎：《基于 IPA 方法的中国历史文化名城游客满意度分析——以韩城市为例》，《资源科学》2012 年第 7 期。

池嘉楣：《政府网站的公众满意度研究》，暨南大学硕士学位论文，2008。

崔建：《公众参与司法理性化研究》，南京师范大学硕士学位论文，2013。

党秀云、张晓：《电子政务的发展阶段研究》，《中国行政管理》2003 年第1 期。

邓崧：《电子政务价值评估研究》，同济大学博士学位论文，2007。

邓文、林良：《我国电子政务发展与问题研究》，《科技广场》第 2011 年第 4期。

丁煌、杨显宇：《基于我国电子政务发展层次的满意度模型——来自企业（G2B）的资料》，《广东行政学院学报》2013 年第 1 期。

丁娜、王坚等：《中国科研项目后评估发展现状》，《科技信息》2010 年第33 期。

丁乃鹏、卫严喜：《发达国家电子政务发展对中国的启示》，《电子政务》2011 年第 10 期。

丁锐、胡广伟：《政府业务整合水平对电子政务服务能力的影响》，《情报杂志》2013 年第 7 期。

丁璇、杨婷婷：《高校毕业生就业服务体系的网络结构和运行机制》，《山东省青年管理干部学院学报》2010 年第 2 期。

董新宇：《电子政务如何影响公众信任》，《电子政务》2011 年第 9 期。

冯海荣：《论电子政务与电子政府关系》，《中国电子商务》，2013 年第 1 期。

高瞻：《世界电子政府现状》，《国际研究参考》2002 年第 3 期。

龚立群、高琳等：《网络环境下协同政务的影响因素研究》，《电子政务》
2011 年第 7 期。

顾朝林、李满春：《"数字城市"研究漫谈》，《城市规划学刊》1999 年第
5 期。

顾平安：《发达国家电子政务发展趋势》，《新重庆》2016 年第 7 期。

郭俊华：《电子政务环境下的服务型政府建设》，《毛泽东邓小平理论研究》，
2010 年第 12 期第 34 – 37 页。

郭俊华：《公众接受政府门户网站的影响因素研究》，《上海行政学院学报》，
2011 年第 1 期第 48 – 56 页。

郭念东、夏勇等：《电子政务应用项目绩效评估研究》，《电子政务》2008
年第 3 期。

郭威、朱珂、吴毅涛、肖二宁、吕平、宋克：《基于钟型函数的基本信度指
派生成方法》，《电子学报》2016 年第 4 期第 926 – 932 页。

郝军龙、贾文彤等：《我国农村体育公共服务政策研究》，《南京体育学院学
报社会科学版》2010 年第 1 期。

何国臣、张延安：《政务公开研究论纲》，《行政与法》2000 年第 3 期。

何建祥：《浅谈电子政务发展中存在的问题及对策》，《科学与财富》，2011
年第 5 期。

何娇娇：《我国电子政务发展现状相关问题的研究》，北京邮电大学硕士学
位论文，2012。

何振：《试论电子政务信息资源共享的政府主导模式》，《档案学研究》2010
年第 3 期。

何振、唐荣林等：《电子政务公共服务功能的定位与实现》，《电子政务》
2006 年第 9 期第 65 – 70 页。

侯卫真：《电子政务的建设与发展》，中国人民大学出版社，1900。

胡冲、贺梦肖等：《服务型政府建设视野下我国 G2C 电子政务现状分析》，
《商》2015 年第 3 期。

胡大平、陶飞：《电子政务系统综合评价指标体系及评估模型研究》，《科技
进步与对策》2005 年第 6 期。

胡广伟、潘文文等：《电子政务服务、内容及其规划方法》，《电子政务》

2010 年第 9 期。

胡广伟、潘文文等：《电子政务服务及其应用层次模型探讨》，《情报杂志》，
　　2010 年第 3 期。

胡广伟、仲伟俊：《政府网站建设水平调查和分析方法研究》，《情报学报》
　　2004 年第 4 期。

胡杰：《基于发达国家经验推进我国电子政务发展》，《华人时刊（旬刊）》
　　2013 年第 2 期。

胡泽浩：《漯河市电子政务发展问题刍议》，广西师范大学硕士学位论文，
　　2013。

黄氏玉簪：《越南平定省电子政务建设研究》，广西大学硕士学位论文，2014。

季金奎：《中国电子政务领导干部知识读本》，中共中央党校出版社，2002。

贾岷峰：《浅析电子政务环境下的公众参与》，《生产力研究》2009 年第 7 期。

简·莱恩、赵成根：《新公共管理》，中国青年出版社，2004。

姜晓秋、陈德权：《公共管理视角下政府信任及其理论探究》，《社会科学辑
　　刊》2006 年第 4 期。

蒋录、吴瑞明等：《电子政务服务质量管理思路研究》，《情报科学》，2006
　　年第 2 期。

焦树锋：《AHP 法中平均随机一致性指标的算法及 MATLAB 实现》，《太原
　　师范学院学报》（自然科学版）2006 年第 4 期第 45－47 页。

金雪妹、王铭：《美国在电子政务中实施 CRM 的经验及对我国的启示》，
　　《城市管理与科技》2006 年第 1 期。

金元欢、王建宇：《电子政务：现状与前景》，《信息化建设》2001 年第 3 期。

靳洪俊：《用户接受移动政务影响因素研究》，华中科技大学硕士学位论文，
　　2009。

靳永翥：《公共服务提供机制》，社会科学文献出版社，2009。

康兵义、李娅等：《基于区间数的基本概率指派生成方法及应用》，《电子学
　　报》2012 年第 6 期。

孔凡华：《辽宁省人事信息管理系统的设计与实现》，东北大学硕士学位论
　　文，2010。

雷茜：《城市小区建设中政府、市场与社会的互构》，华中师范大学硕士学
　　位论文，2012。

李春晓:《电子商务与电子政务关系初探》,《价值工程》2012 年第 15 期。

李春燕:《基于 ACSI 模型的 A 寿险公司顾客满意度评价》,太原理工大学硕士学位论文,2015。

李广干:《论电子政务的法治职能——中国电子政务法律框架的逻辑结构与构建》,《电子政务》2012 年第 5 期。

李海涛:《政府门户网站公众满意度测评模型的实证研究》,《图书情报知识》,2014 年第 1 期。

李虹来:《电子政务服务对政府信任影响的实证研究》,江西财经大学博士学位论文,2011。

李佳家:《电子政务与和谐公共治理的关系研究》,重庆大学硕士学位论文,2007。

李建国:《国外电子政务的现状与发展趋势》,《当代秘书》2003 年第 6 期。

李杰:《BOT 模式的政府信息化项目风险防控研究》,北京邮电大学硕士毕业论文,2010。

李靖华:《电子政府公众服务的机制分析》,《科研管理》2003 年第 4 期。

李林:《电子政务还是电子政府?》,《电子商务》2003 年第 4 期。

李鸣:《我国电子政务发展综述》,《武汉工程大学学报》2010 年第 4 期。

李世收、胡广伟等:《电子政务服务内容规划方法研究》,《情报科学》2009 年第 3 期。

李天龙:《新媒介环境下内容创作型人才培养的思考》,《现代企业教育》2013 年第 16 期。

李婷婷:《公共服务导向下的省级政府门户网站绩效评估研究》,北京交通大学硕士学位论文,2012。

李文贞:《基于电子政务的公共服务建设》,天津师范大学硕士学位论文,2012。

李锡钦:《结构方程模型》,高等教育出版社,2011。

李阳晖、罗贤春:《国外电子政务服务研究综述》,《公共管理学报》2008 年第 4 期。

李颖、徐博艺:《中国文化下的电子政务门户用户接受度分析》,《情报科学》2007 年第 8 期。

李永刚:《"电子化政府"的理念与现实》,《中国行政管理》1999 年第 11 期。

连伯文:《基于动态网页技术的广州市公安局门户网站的设计与实现》,吉林大学硕士学位论文，2015。

连成叶：《论基于电子政务的服务型政府建设》，《福建警察学院学报》2009
年第 2 期。

梁博：《浅析电子政务发展模式》，《中国科技博览》2014 年第 9 期。

刘宝润：《对电子政务与电子政府概念的理解和关系比较》，《天津职业院校
联合学报》2006 年第 4 期。

刘芳：《政府门户网站的服务质量评价》，山西大学硕士学位论文，2015。

刘皓：《公众参与型电子政务研究》，《湖北行政学院学报》2008 年第 1 期。

刘红丽：《基于用户视角的政府网站质量测评实证研究》，华中科技大学硕
士学位论文，2012。

刘洪璐、张真继等：《电子政务系统概论》，人民邮电出版社，2005。

刘洪武：《吉林省电子政务知识管理构建模式及方案研究》，吉林大学硕士
学位论文，2010。

刘华、温建荣：《对“新公共管理”理念下电子化政府的思考》，《当代经理
人》2005 第 4 期。

刘建徽、周志波：《整体政府视阈下“互联网＋税务”发展研究——基于发达
国家电子税务局建设的比较分析》，《宏观经济研究》2015 年第 11 期。

刘金荣：《地方政府门户网站公众接受度及推进策略实证研究》，《情报杂
志》2011 年第 4 期。

刘奎汝：《电子政务公众接受度影响因素分析》，《中国电子商务》2013 年
第 12 期。

刘丽霞：《信息化背景下的政府管理模式转型研究》，山东大学硕士学位论
文，2012。

刘腾红、刘荣辉、赵鹏：《电子政务系统评价方法研究》，《武汉理工大学学
报》（信息与管理工程版）2004 年第 3 期。

刘小燕：《政府形象传播的理论框架》，《现代传播－中国传媒大学学报》
2005 年第 4 期。

刘学然：《中国电子政务建设与指导实务全书》，中国社会出版社，2007。

刘燕：《电子政务公众满意度测评理论、方法及应用研究》，国防科学技术
大学博士学位论文》2006。

刘一剑：《虚拟团队信息共享质量研究》，北京工业大学硕士学位论文，2009。

刘瑛：《以用户为中心构建政府网站》，《信息化建设》2013 年第 9 期。

刘颖：《我国电子政务建设发展现状与预测》，《当代通信》2005 年第 2 期。

刘渊、邓红军等：《政府门户网站服务质量与内外部用户再使用意愿研究——以杭州市政府门户网站为例》，《情报学报》2008 年第 6 期。

刘渊、魏芳芳等：《用户使用视角的政府门户网站效用及影响因素研究》，《管理工程学报》2009 年第 4 期。

陆敬筠、仲伟俊等：《电子公共服务公众参与度的实证分析》，《情报科学》2008 年第 2 期。

罗峰：《电子政府建设与社会主义政治文明发展》，中南大学硕士学位论文，2004。

吕萌、孙向媛等：《政府与公众沟通的现状与路径的实证研究》，《南北桥》2008 年第 12 期。

马家宽、王亚沙等：《电子政务需方参与活动对项目绩效的影响分析》，《软件学报》2012 年第 10 期。

马凯煌：《电子政务公众感知价值及满意度研究》，国防科学技术大学硕士学位论文，2009。

马庆钰：《公共服务的几个基本理论问题》，《中共中央党校学报》2005 年第 1 期。

马腾：《甘肃省地方政府电子政务建设现状及对策分析》，兰州大学硕士学位论文 2008。

迈克尔 . A. 希特、R. 杜安 · 爱尔兰、罗伯特 · E. 霍斯基森：《战略管理：概念与案例》，中国人民大学出版社，2013。

孟庆国、李晓方：《电子政务的理论与方法体系——基于系统工程建设的视角》，《行政论坛》2013 年第 2 期。

牛文博：《陕西省电子政务网站管理存在的问题及对策思考》，《新西部月刊》2009 年第 6 期。

彭熙、彭瑶：《论信息时代的电子政务及其在我国的发展前景》，《云南师范大学学报》（哲学社会科学版）2002 年第 4 期。

彭宗政：《协同电子政务模式研究》，同济大学硕士学位论文，2009

蒲忠：《公众参与视角下的质监部门网站建设研究》，西南交通大学硕士学位论文，2011。

强月新、张明新:《"互动性"理论观照下的我国政府网站建设》,《武汉大学学报》(人文科学版)2007 年第 3 期。

邱丽梅:《面向公共服务的协同电子政务构建研究》,北京交通大学硕士学位论文,2014。

曲成义:《电子政务面临的挑战》,《信息化建设》2001 年第 11 期。

芮国强、宋典:《电子政务与政府信任的关系研究——以公民满意度为中介变量》,《南京社会科学》2015 年第 2 期。

沈渭智:《甘肃省政府办公厅电子政务建设问题、对策及启示》,兰州大学硕士学位论文,2009

史达:《辽宁省电子政务绩效测评——基于公众满意视角的研究》,《财经问题研究》2006 年第 5 期。

史建玲:《政府门户网站的功能及在电子政务中的作用》,《科技情报开发与经济》2003 年第 10 期。

宋昊:《公众使用视角的电子政府门户网站服务质量与满意度研究——以杭州为例》,浙江大学硕士学位论文,2005。

宋建辉:《农业电子政务应用研究》,武汉大学硕士学位论文,2005。

宋军:《中国电子政务建设存在的问题与解决》,《理论探索》2003 年第 3 期。

苏玉娥:《建设电子政务 推动政府管理创新》,《内蒙古农业大学学报》(社会科学版)2009 年第 1 期。

孙宝文、王天梅等:《面向公共服务的国外电子政务研究述评》,《国家行政学院学报》2012 年第 1 期。

孙宇:《构建面向公共服务的电子政务体系:理论逻辑和实践指向》,《中国行政管理》2010 年第 11 期。

覃冠华:《肇庆市 G2C 电子政务发展研究策略》,兰州大学硕士学位论文,2014。

唐协平:《面向社会公众的电子政务最终服务需求识别与管理研究》,上海交通大学博士学位论文,2007。

田海玲:《G2C 电子政务门户网站可用性研究》,大连海事大学博士学位论文,2008。

汪锦军:《构建公共服务的协同机制:一个界定性框架》,《中国行政管理》2012 年第 1 期。

汪向东：《我国电子政务的进展、现状及发展趋势》，《电子政务》2009 年
　　第 7 期。

汪玉凯：《走向 2008——中国电子政务发展的回顾与展望》，《电子政务》
　　2007 年第 12 期。

王安耕：《现代信息技术支撑下的中国服务型政府建设》，《电子政务》2008
　　年第 12 期。

王冬瑜：《重庆交通电子政务协同管理发展研究》，重庆大学硕士学位论文，
　　2004。

王芳、赖茂生：《我国电子政务发展现状与对策研究》，《电子政务》2009 年
　　第 8 期。

王芳、王小丽：《基于电子政务的信息公开服务》，《图书情报工作》2006
　　年第 8 期。

王海忠：《顾客满意度调查的几个问题》，《人口与发展》1998 年第 6 期。

王欢喜、王正明：《我国电子政务发展现状与对策研究》，《人间》2015 年
　　第 15 期。

王浣尘：《信息技术与电子政务：走进信息时代的电子政务》，清华大学出
　　版社，2003。

王辉霞：《公众参与食品安全治理法治探析》，《商业研究》2012 年第 4 期。

王立华、苗婷：《农民对电子政务服务的采纳意愿及影响因素的实证分析——
　　基于陕西省西安市农民的调查资料》，《当代经济科学》2012 年第 6 期。

王连伟：《电子政府信任：数字化时代政府信任的 2.0 版本》，《电子政务》
　　2015 年第 10 期。

王梅：《电子政务对传统政务的影响》，《天津职业院校联合学报》2004 年
　　第 4 期。

王名、贾西津：《中国 NGO 的发展分析》，《管理世界》2002 年第 8 期。

王铭：《论英国电子政务的"平民化"色彩》，《苏州市职业大学学报》2006
　　年第 4 期。

王铭、蒋卫荣：《析电子政务的功能层面及发展程度——兼论电子政务与电
　　子政府的关系》，《档案学研究》2005 年第 2 期。

王娜：《电子政务服务的用户满意度研究》，上海交通大学硕士学位论文，
　　2012。

王强、韩志明：《和谐社会中的政府信任及其建构途径》，《中共天津市委党校学报》2007 年第 1 期。

王松：《驱动因素对顾客忠诚度的作用机制研究》，电子科技大学硕士学位论文，2007。

王婷、蒋婉洁等：《政府组织管理因素对电子政务服务能力的影响及启示》，《电子政务》2010 年第 9 期。

王锡锌：《行政过程中公众参与的制度实践》，中国法制出版社，2008。

王晓瑞：《基于门户网站的政府与公众沟通模式研究——以成都市人社局网站改版为例》，西南交通大学硕士学位论文，2011。

王艳辉、徐歌等：《政治关系、社会信任与民企债券融资——基于上市公司微观资料的实证研究》，《产业经济评论》2016 年第 1 期。

王益民：《从〈联合国 2014 年电子政务调查报告〉看全球电子政务发展》，《电子政务》2014 年第 9 期。

王志远：《中国电子政务发展现状、问题与对策》，广西大学硕士学位论文，2005。

魏宗雷：《美国的危机管理机制》，《国际研究参考》2002 年 11 期。

文成林、周哲等：《一种新的广义梯形模糊数相似性度量方法及在故障诊断中的应用》，《电子学报》2011 年第 s1 期。

吴爱明、崔晶、祁光华：《运用电子政务推进市县政府集中办公》，《中国行政管理》2011 年第 5 期。

吴江：《推行电子政务与政府管理创新》，《国家行政学院学报》2002 年第 1 期。

吴江、徐波等：《中国电子政务——进行中的对策　轨迹参照——国外电子政务的发展》，《电子政务》2004 年第 2 期。

吴绍辉：《我国互联网管理现状与对策研究》，内蒙古师范大学硕士学位论文，2013。

吴天有：《宁夏电子政务发展策略研究》，中央民族大学硕士学位论文，2011。

吴云：《电子政务服务能力成熟度模型研究及其应用》，南京大学硕士学位论文，2014。

肖微、卢爱华：《我国政府网站公共服务的现状分析与优化路径》，《科技创业月刊》2009 年第 4 期。

谢雪玲：《G2C 电子政务的客户需求及服务有效性研究——基于卡诺模型的视角》，《中外企业家》2013 年第 11 期。

辛刚：《国内外电子政务可视化对比研究——基于 CSSCI 和 WOS 的科学知识图谱》，安徽大学硕士学位论文，2014。

忻奕：《电子政务环境下提升我国行政决策质量的研究》，重庆大学硕士学位论文，2009。

IUD 领导决策数据分析中心：《信息化重大工程分地区数据要报》，《领导决策信息》2016 年第 20 期。

徐强：《电子政务流程再造绩效评估理论与实证研究》，南京大学硕士学位论文，2010。

徐晓林：《电子政务导论》，武汉出版社，2002。

徐晓林、李卫东：《电子政务成熟度评价的四个基本维度》，《电子政务》2007 年第 8 期。

许春蕾：《公众参与政府预算研究》，上海交通大学硕士学位论文，2010。

许跃军：《政府网站与绩效评估》，浙江大学出版社，2008。

薛薇：《SPSS 统计分析方法及应用》，电子工业出版社，2013。

闫芳：《浅析我国电子政务及其发展对策》，《学理论》2013 年第 14 期。

颜端武、丁晟春：《电子政务网站的规划与实施》，《电子政务》，2005 年第 Z5 期。

杨兵：《成都市城乡一体化电子政务公共信息服务研究》，博士学位论文西南交通大学，2011。

杨道玲、于施洋：《电子政务绩效评估要素研究》，《情报科学》2009 年第 6 期。

杨光：《网络强国战略对电子政务发展提出新要求》，《计算机与网络》2014 年第 16 期。

杨国栋：《论电子政务建设的政府基础》，吉林大学博士学位论文，2007。

杨虹：《ICTs 下政府微博沟通的功能与限度》，西南大学硕士学问论文，2012。

杨华：《易宠科技有限公司客户满意度调查研究》，重庆大学硕士学位论文，2010。

杨清华：《协同治理与公民参与的逻辑同构与实现理路》，《北京工业大学学报》（社会科学版）2011 年第 2 期。

杨小峰：《政府门户网站的公众接受模型研究》，上海交通大学硕士学位论文，2009。

杨秀丹、刘立静等：《基于公众满意度的电子政务信息服务研究》，《情报科学》2008 年第 9 期。

杨云飞：《翠月湖镇政务信息系统的设计与实现》，电子科技大学硕士学位论文，2013。

蚁金瑶、姚树桥等：《TAS – 20 中文版的信度、效度分析》，《中国心理卫生杂志》2003 年第 11 期。

殷感谢、陈国青：《电子商务与政府信息化建设——政府网站比较研究》，《计算机系统应用》2002 年第 2 期。

尹怀琼：《基于 CRM – BSC 的政府门户网站 G2B 综合评价研究》，中南大学博士学位论文，2011。

尤建新、蔡三发等：《城市管理中公众参与问题分析》，《上海管理科学》2003 年第 4 期。

于凯峰：《高校发展中电子政务重要性探讨》，《现代商贸工业》2014 年第 3 期。

余醒：《电子政务如何转型——访〈我国地级市电子政务研究报告〉课题组周黎安博士》，《中国电子商务》2003 年第 17 期。

俞可平：《中国公民社会：概念、分类与制度环境》，《中国社会科学》2006 年第 1 期。

袁艺、林生：《浅谈政府门户网站网页设计要点》，《信息化建设》2008 年第 10 期。

张成福、唐钧：《电子政务绩效评估：模式研究与中国战略》，《探索》2004 年第 2 期。

张岱：《天津市和平区新型电子政府模型研究》，天津大学硕士学位论文，2008。

张晶晶，《电子政务与电子政府》，《武汉市经济管理干部学院学报》2004 年第 S1 期。

张景颀、李杰、刘文学：《借鉴发达国家和先进地市电子政务经验积极推进和规范我国电子政务发展》，第八届中国标准化论坛会议论文，2011。

张军军：《基于胜任力的武警部队支队（团）主官考评研究》，硕士学位论文国防科学技术大学，2008。

张礼建、张敏：《浅谈电子政务的无缝隙再造》，《中国管理信息化》2007
　　年第 11 期。

张李义、赵雪芹：《浅谈政府网站的信息资源整合》，《情报探索》2005 年
　　第 5 期。

张前锋：《电子政务法研究》，中国政法大学硕士学位论文，2005。

张少彤、张楠等：《第一次全国政府网站普查工作的回顾与思考》，《电子政
　　务》2016 年第 2 期。

张威：《基于模糊积分的政府信息公开评价指标体系研究》，青岛理工大学
　　硕士学位论文，2014。

张向宏：《服务型政府与政府网站建设》，清华大学出版社，2010。

张尧：《基于结构方程的地方政府 G2C 电子化公共服务满意度研究》，云南
　　财经大学硕士学位论文，2014。

赵晨：《电子政务绩效评估体系的构建研究——以江苏为例》，南京邮电大
　　学硕士学位论文，2011。

赵国洪：《我国电子政务研究趋势探究——一项基于期刊资料的分析》，《中
　　国行政管理》2007 年第 2 期。

赵岚：《我国 G2C 电子政务服务能力影响因素研究》，沈阳理工大学硕士学
　　位论文，2015。

赵岚、金敏力：《我国电子政务服务能力影响因素分析》，《电子世界》2014
　　年第 12 期。

赵强社：《城乡基本公共服务均等化制度创新研究》，西北农林科技大学博
　　士学位论文，2012。

赵爽：《建设电子政府推动政府管理创新》，中共中央党校硕士学位论文，
　　2003。

赵向异：《我国政府网络平台持续使用的因素研究》，重庆大学硕士学位论
　　文，2007。

赵雪：《公共服务导向下的地方政府门户网站绩效评估及分析——以河南六
　　市为例》，华中师范大学硕士学位论文，2009。

郑丽坤：《基于互联网的电子政务发展面临的问题及对策》，《黑龙江省社会
　　主义学院学报》2011 年第 2 期。

中国互联网络信息中心：《中国互联网整体网民发展状况——〈第 31 次中国互联网发展状况调查报告（上）〉》，《互联网天地》2013 年第 1 期。

周斌：《面向公众服务的电子政务研究》，同济大学博士学位论文，2007。

周宏仁：《电子政务　全球透视与我国电子政务的发展》，《网络与信息》2002 年第 6 期。

周玉建：《信息安全对推进电子政务发展影响分析》，《中国科技论坛》2011 年第 9 期。

朱莉：《试论信息化时代中国电子政务发展的若干问题》，武汉科技大学硕士学位论文，2005。

庄子民：《政府门户网站公众使用意向影响因素研究》，华中师范大学硕士学位论文，2015。

邹婧祎：《我国电子政务与电子商务的关系研究》，《天津科技》2015 年第 4 期。

邹凯：《社区服务公众满意度测评理论、方法及应用研究》，国防科学技术大学博士学位论文，2008。

陈亚林、王俊平：《天津滨海新区政府网站公民使用情况调查》，《图书情报工作》2008 年第 8 期。

Aichholzer. G, Service Take-Up and Impacts of E-Government in Austria. (paper presented at the Electronic Government: International Conference, Egov 2005, Copenhagen, Denmark, August 22 – 26, 2005).

Aladwani, A. M., and Palvia, P. C. "Developing and validating an instrument for measuring user-perceived web quality," *Information & Management*, 39 (39), (2002): 467 – 476.

Andersen, K. V., and Henriksen, H. Z, "E-government maturity models: Extension of the Layne and Lee model," *Government Information Quarterly*, 23 (2), (2006): 236 – 248.

Barnes, S. J., and Vidgen, R. T, "Technology socialness and Web site satisfaction," *Technological Forecasting & Social Change*, 89, (2014): 12 – 25.

Birgelen, V. M., Ruyter, D. K., Jong, D. A, and Wetzels, M, "Customer e-valuations of after-sales service contact modes: An empirical analysis of national culture's consequences," *International Journal of Research in Market-*

ing, *19* (1), (2002): 43 – 64.

Brown, M. M, "Understanding E-Government Benefits: An Examination of Leading-Edge Local Governments," *The American Review of Public Administration*, *37* (2), (2007): 178 – 197.

Chadwick, A. , and May, C, "Interaction between States and Citizens in the Age of the Internet: 'e-Government' in the United States, Britain, and the European Union," *Governance*, *16* (2), (2003): 271 – 300.

Chautard, P. , Guiraud, J. P. , Galzy, P. , Chautard, P. , Guiraud, J. P. , and Galzy, P, "How to measure service quality & customer satisfaction," *American Marketing Association*, *28* (3), (2008): 245 – 55.

Christensen, T, and LÆgreid, P, "Trust in Government: The Relative Importance of Service Satisfaction, Political Factors, and Demography," *Public Performance & Management Review*, *28* (4), (2004): 679 – 690.

Eifert, M. , Girot, C. , Groothuis, M. , Prins, C, " Taking Administrative Law to the Digital Era," *Duke Law Journal*, *63* (8), (2001); 1626 – 1633.

Esteves, J. , and Joseph, R. C, "A comprehensive framework for the assessment of eGovernment projects," *Government Information Quarterly*, *25* (1), (2008): 118 – 132.

Evans, D. , and Yen, D. C, "E-Government: Evolving relationship of citizens and government, domestic, and international development," *Government Information Quarterly*, *23* (2), (2006): 207 – 235.

Fountain, J, "Bureaucratic Reform and E-Government in the United States: An Institutional Perspective," *Jilin University Journal Social Sciences Edition*, *07*, (2007).

Fu, J. R. , Farn, C. K. , and Chao, W. P, "Acceptance of electronic tax filing: A study of taxpayer intentions," *Information & Management*, *43* (1), (2006): 109 – 126.

Ho, T. K, "Reinventing Local Governments and the E-Government Initiative," *Public Administration Review*, *62* (4), (2002): 434 – 444.

Indihar Stemberger, M. , and Jaklic, J, "Towards E-government by business process change—A methodology for public sector. ," *International Journal of*

Information Management, *27*（4），（2007）: 221 - 232.

Kim, S., and Lee, H, "Organizational factors affecting knowledge sharing capabilities in e-government: an empirical study," *the National Conference on Digital Government Research*, （*3035*），（2004）: 99.

Kim T. H., Im K. H., and Park S. C, "Intelligent Measuring and Improving Model for Customer Satisfaction Level in e-Government," in Wimmer M. A., Traunmüller R., Grönlund Å., Andersen K. V. (eds) *Electronic Government. EGOV* 2005. *Lecture Notes in Computer Science*，（*3591*）（Springer, Berlin, Heidelberg, 2005）

Kunstelj, M., Jukić, T., & Vintar, M, "Analysing the Demand Side of E-Government: What Can We Learn From Slovenian Users?" in Wimmer M. A., Scholl J., Grönlund Å. (eds) *Electronic Government. EGOV* 2007. *Lecture Notes in Computer Science*，（*4656*）（Springer, Berlin, Heidelberg, 2007），pp 305 - 317.

Lee, M. K. O., & Turban, E, "A Trust Model for Consumer Internet Shopping," *International Journal of Electronic Commerce*, *6*（1），（2001）: 75 - 91.

Liu, C., Arnett, K. P., Capella, L. M., & Beatty, R. C, "Web sites of the Fortune 500 companies: Facing customers through home pages," *Information & Management*, *31*（6），（1997）: 335 - 345.

Moon, M. J, "Can IT help government to restore public trust? Declining public trust and potential prospects of IT in the public sector," *the Hawaii International Conference on System Sciences*，（5），（2004）: 134. 1

Norris, D. F., and Moon, M. J, "Advancing E-Government at the Grassroots: Tortoise or Hare?" *Public Administration Review*, *65*（1），（2005）: 64 - 75.

Pardo, J. A, "A preliminary test in classification and probabilities of misclassification," *Statistics*, *39*（3），（2005）: 183 - 205.

Pardo, T. A., Ramon, J., Garcia, G., and Luna-Reyes, L. F, "Collaborative Governance and Cross-Boundary Information Sharing: Envisioning a Networked and IT-Enabled Public Administration (Paper prepared for presentation at Minnowbrook III Conference, Lake Placid, New York, September 5 -

7, 2008).

Parent, M., Vandebeek, C. A., and Gemino, A. C, "Building Citizen Trust through e-Government," *Government Information Quarterly*, 22 (4), (2004): 720 – 736.

Peristeras, V., Mentzas, G., Tarabanis, K. A., and Abecker, A, "Transforming E-government and E-participation through IT," *IEEE Intelligent Systems*, 24 (5), (2009): 14 – 19.

Perkins, W. S, "Measuring customer satisfaction : A comparison of buyer, distributor, and salesforce perceptions of competing products," *Industrial Marketing Management*, 22 (3), (1993): 247 – 254.

Pijpers, G. G, "Senior government executives' use of the internet: A Bruneian scenario," *Behaviour & Information Technology*, 23 (3), (2004): 197 – 210.

Rocheleau, B., and Wu, L, "Public Versus Private Information Systems Do they Differ in Important Ways? A Review and Empirical Test. *The American Review of Public Administration*, 32 (4), (2002): 379 – 397.

Salahuddin, M., and Rusli, A, "INFORMATION SYSTEMS PLANNING FOR E-GOVERNMENT IN INDONESIA," *Long Range Planning*, 24 (5), (2005): 41 – 58.

Stibbe, M., "E-government security," *Infosecurity Today*, 2 (3), (2005): 8 – 10.

Stowers, G. N. L. (2001). Commerce Comes to Government on the Desktop: E-Commerce Applications in the Public Sector.

Tan, Y. H., & Thoen, W. (2000). Toward a Generic Model of Trust for Electronic Commerce. *International Journal of Electronic Commerce*, 5 (2), 61 – 74.

Venkatesh, V., and Davis, F. D, "A Theoretical Extension of the Technology Acceptance Model: Four Longitudinal Field Studies," *Management Science*, 46 (2), (2000): 186 – 204.

Wang, L., Bretschneider, S., & Gant, J, Evaluating Web-Based E-Government Services with a Citizen-Centric Approach (paper presented at the 38th Annual Hawaii International Conference on System Sciences (HICSS), Big Island, HI, USA, 2005) pp. 129b.

Welch, E. W., and Pandey, S. K, "E-Government and Bureaucracy: Toward a Better Understanding of Intranet Implementation and its Effect on Red Tape," *Journal of Public Administration Research & Theory*, *17* (3), (2007): 379 –404.

Wimmer, M. A, "A European perspective towards online one-stop government: the eGOV project," *Electronic Commerce Research & Applications*, *1* (1), (2002): 92 –103.

Yang, T. M., Zheng, L., and Pardo, T, "The boundaries of information sharing and integration: a case study in Taiwan e-government," *Government Information Quarterly*, *29* (S1), (2010): S51 –S60.

Yoo, B., and Donthu, N, *Developing a Scale to Measure the Perceived Quality of an Internet Shopping Site (PQISS)* (Berlin: Springer, International Publishing, 2015).

Zeithaml, & ValarieA, *Services marketing : integrating customer focus across the firm / –4th ed* (Beijing: China Machine Press, 2008).

附　录

附录一　人力资源和社会保障局政务网站公众价值及满意度的质量测评实例研究

您好！本调查问卷是针对公众对本市人力资源和社会保障局电子政务的满意度进行研究的，为获取相关资料，本人真诚地邀请您填写问卷，本问卷是基于研究目的，不存在商业行为，采取不记名方式进行，并对您所填数据保密。本人感谢您的参与。谢谢！请您在所对应的选项内打"√"。

第一部分：个人信息

1. 您的性别：□女　□男

2. 您的年龄：□23 岁以下　□23 – 39 岁　□40 岁及以上

3. 您的最高学历：□高中或以下　□大专或本科　□硕士或以上

4. 您的职业：□私企工作者　□公务员　□事业单位工作者　□学生 □其他

5. 您使用政府网站的频率：□一周两次以上　□一周至少一次　□一月至少一次

第二部分：评价问题部分

分类	编号	问题	非常不同意	不同意	基本同意	同意	很同意
信息有用性	1	该网站的信息无虚假错漏					
	2	该网站的信息及时有效					
	3	该网站的信息满足需求					
	4	该网站的信息恰当合适					
	5	该网站的信息相关建议合理					

续表

分类	编号	问题	非常不同意	不同意	基本同意	同意	很同意
信息有用性	6	该网站的信息内容比较独特					
	7	该网站供下载的信息和表格完整					
	8	该网站的信息完整地描述了所提供的服务					
	9	该网站的信息内容完整					
	10	该网站比其他门户网站信息充足					
技术适用性	11	该网站的功能反应速度快					
	12	该网站的初始化速度快					
	13	该网站的多媒体技术使用合理					
	14	该网站的访问负载合理					
	15	该网站的链接有效性合理					
	16	该网站通过手机访问时页面无异常					
	17	该网站的技术支撑到位					
	18	该网站的浏览器版本支持合理					
	19	该网站的可靠性能够接受					
隐私/安全性	20	该网站的安全承诺值得信赖					
	21	该网站能够得到您的信任					
	22	该网站能够保护个人信息					
	23	该网站能够保护信用卡信息					
	24	该网站的保密性较好					
	25	该网站的安全特征描述清晰					
	26	该网站的个人信息使用得到用户的授权					
	27	该网站的安全注意事项提示清晰					
	28	该网站的匿名登录受到限制					
用户导向性	29	该网站可以根据需求提供提示信息					
	30	该网站以公众视角的方式呈现					
	31	该网站的小提示比较完善					
	32	该网站的内容有组织性					
	33	该网站的链接有组织性					
	34	该网站的搜索功能顾客化					
	35	在该网站找到感兴趣信息的难度合理					
	36	该网站的逻辑化布局合理					

续表

分类	编号	问题	非常 不同意	不同意	基本 同意	同意	很同意
用户 导向性	37	该网站的搜索功能完善					
	38	该网站的导航功能完善					
	39	该网站的热情解答及时					
	40	该网站的功能说明完善					
	41	该网站链接其他网站的功能有效					
	42	该网站的多元化服务类型健全					
	43	该网站的各种信息沟通方式合乎法规					
	44	该网站的内容多样化且充足					
	45	该网站的链接方法多样有效					
	46	该网站的联系方式健全有效					
	47	该网站的公众使用须知完善					
	48	该网站的常见问题完善					
交易 透明性	49	该网站及时公开相关信息					
	50	该网站及时展示交易进行状态					
	51	该网站回馈交易状态迅速且准确					
响应性	52	该网站的在线服务方式健全					
	53	该网站把公众意愿放在首位					
	54	该网站能够及时响应用户的问题					
	55	该网站充分体现了同理心					
	56	该网站对用户进行追踪回馈					
	57	该网站的公众信息交流平台畅通					
	58	该网站的互动回馈及时					
	59	该网站能够兑现解决问题的承诺					

结合以上问题，您对该政府网站的综合评价：

□该网站提供的服务需要改进

□该网站的质量基本符合我的期望

□总的来说，我对该网站的服务满意

附录二　人力资源和社会保障局网站评价指标体系

一级指标	二级指标	三级指标
人力资源和社会保障局信息公开	人力资源和社会保障局主动公开	公告公示
		新闻信息
		概况信息
		政策法规
		百姓切身相关信息
		机构设置
	依申请公开	在线受理和回馈
		要求和程序
		栏目建设
	规范与监督	保障与监督
		指南和目录
		规章制度
在线办事服务	办事服务指南	人性化服务
		服务指南类型
		服务指南要素
	业务咨询	业务咨询回馈质量
		邮件与电话咨询
		移动与在线咨询
	申报审批	进度查询
		在线审批
		受理统计
		在线申报
		表格下载
	部门协同	联合审批
		相关链接
公众交流互动	领导信箱	领导信箱回馈质量
		人力资源和社会保障局主要领导信箱
	民主监督	民主监督回馈质量
		网上监督
		在线调查

一级指标	二级指标	三级指标
公众交流互动	交流论坛	网上论坛
		在线访谈
	参与管理	意见征询
		网上听证
网站建设维护	基本设计	布局编排
		平台扩展
		使用帮助
		定制功能
		文字版本
	导航搜索	站内导航
		站内搜索
		网站地图
	安全隐私	隐私保护
		安全措施
		安全条款
	网站维护	维护单位及联系方式
	相关链接	相关链接
软件自动测评	网站速度	平均下载速度
		平均打开时间
		平均响应时间
		首页响应时间
	网站健康指数	错误链接率
		网页冗余率和有效信息率

附录三　专家对 ZK 市的评价

评价指标	专家评分					
	专家 1	专家 2	专家 3	专家 4	专家 5	专家 6
人力资源和社会保障局主动公开						
依申请公开						
规范与监督						

续表

评价指标	专家评分					
	专家 1	专家 2	专家 3	专家 4	专家 5	专家 6
办事服务指南						
业务咨询						
申报审批						
部门协同						
领导信箱						
民主监督						
交流论坛						
参与管理						
基本设计						
导航搜索						
安全隐私						
网站维护						
相关链接						
网站速度						
网站健康指数						

图书在版编目（CIP）数据

我国 G2C 电子化政府评估模式之建构与验证 / 程方著
. -- 北京：社会科学文献出版社，2018.11
（中原学术文库. 青年丛书）
ISBN 978 - 7 - 5201 - 3905 - 2

Ⅰ. ①我…　Ⅱ. ①程…　Ⅲ. ①电子政务 - 评估 - 研究
- 中国　Ⅳ. ①D63 - 39

中国版本图书馆 CIP 数据核字（2018）第 252529 号

中原学术文库·青年丛书
我国 G2C 电子化政府评估模式之建构与验证

著　　者 / 程　方

出 版 人 / 谢寿光
项目统筹 / 任文武
责任编辑 / 王玉霞　徐崇阳

出　　版 / 社会科学文献出版社·区域发展出版中心（010）59367143
　　　　　　地址：北京市北三环中路甲 29 号院华龙大厦　邮编：100029
　　　　　　网址：www. ssap. com. cn
发　　行 / 市场营销中心（010）59367081　59367083
印　　装 / 三河市尚艺印装有限公司

规　　格 / 开　本：787mm × 1092mm　1/16
　　　　　　印　张：12.25　字　数：201 千字
版　　次 / 2018 年 11 月第 1 版　2018 年 11 月第 1 次印刷
书　　号 / ISBN 978 - 7 - 5201 - 3905 - 2
定　　价 / 68.00 元